什么都能学，什么都能精

Peter Hollins
〔英〕彼得·霍林斯 著

多宝 译

全能
学习法

Polymath

Master Multiple Disciplines, Learn New Skills,
Think Flexibly, and Become Extraordinary

九州出版社
JIUZHOUPRESS

序

曾经有一个网友问过我这样一个问题："假如一个人可以很快很准地抓住一个讲座或一个复杂问题的核心，到底是因为他本身对这个领域很熟，还是因为他有一种深层能力，对于任何问题都能很迅速地掌握关键信息？"

我当时回答她："我觉得两种情况都有。"

有些人能迅速抓住问题核心，是因为他是专业人才，有专业知识和很深的经验积累，对于本领域的事情思考很多，所以一下子就能抓住核心。这是第一种情况。

第二种情况就是，有些人虽然不是本领域人才，但是他也能抓住核心，因为他具有"知识迁移"的能力。

知识迁移，是把本领域的知识构建成思维模型，把这些思维模型应用到许多其他地方。

比如说，生命的死亡和公司的死亡，都符合热力学第二定律：不注入能量，就会熵增。生命的死亡有定律，公司的死亡也是，它们都符合次线性 (sublinear) 的数学分布——只是参数略有不同。

所以，掌握了热力学第二定律，可以预测很多事物的生长和死亡规律。

再比如说，城市规划、游戏设计和用户界面（UI）设计，也存在相似之处。比如它们都符合涌现（emergence）的规律。我们需要通过一两个简单的法则，使得整个城市、游戏或者 UI 产生涌现特质（emergence property），产生无数千变万化的模式（pattern）。

就好比蚂蚁是通过简单的化学信息传递，产生千变万化的蚁窝，乐高通过一个简单的方块构成千变万化的造型一样，涌现是很多设计的精髓。

直到这些年，我才明白，《易经》中所描述的"太极生两仪，两仪生四象，四象生八卦"，就是数学上的"涌现"，如蚁窝和乐高一样。乐高只靠两种接头（阴头和阳头），就可以涌现出这世界上所有的建筑、人物和场景。

总之，根据上面两个例子，我们发现跨学科也可以抓住本质，因为很多思维的模型是通用的。

只不过你需要从本学科提炼出思维模型，再用到其他学科。另外，不同的学科，常常给同一个思维模型起不同的名字：

比如商业里的"利基市场"，是生态学里面的"特殊生态位"；

系统学里的"不可约性定理"，是工程里的"瓶颈"；
物理上的"激活"，是系统的"跃迁"……

这些东西，都需要看技术哲学的书籍才能思考。这也是哲学存在的意义，说哲学是母科学也是基于这个意思。

它并不是告诉你晦涩的知识，而是告诉你一些思考法则。伽利略说太阳是宇宙中心，这不一定是对的，但是他思考宇宙规模的量级构成模型是对的。《易经》说"太极生两仪"，这不一定是对的，但是它思考测量有正负两级的思维模型是对的。

哲学不落在实处，自然有缺憾和不完善。但是真正的思想家和一般知识分子的区别，就在于思想家能够提炼思维模型的共通之处。

所以，如果你靠专业做核心判断，就还是普通知识分子。如果你靠跨专业共同的思维模型做判断，就可以向思想家靠拢了。

　　这就是为何我的母校清华大学现在更换了人才培养思路。老师们说，现在要培养"H型"人才，这种人才在两个领域有纵深的知识，在两个领域的交界处有非常广泛的知识。

　　比如会数据分析的考古学家，就可以利用卫星数据来找地球上的遗迹；会心理学的设计师，就可以做出直击人心的海报；会人体工程学的建筑师，就可以设计出舒适的建筑。

　　H型人才是社会紧缺的，因此如果你能变成H型人才并且博闻强识，在这个社会上一定会有很强的竞争力。

　　那么如何变成"多面手"呢？这本书就是讲这个主题的：从文艺复兴的大师（比如达·芬奇），到美国的国父们（比如富兰克林），我们可以总结这些"全才"到底是如何做到把每件事都做得出色的，并且从中提炼出有意思的方法。

　　本书中，霍林斯提出了新手在陌生领域开荒的十个步骤，你只要照做，就能从菜鸟迅速进化为专家。此外，书中还分享了一种四步笔记法，帮助你以最高的效率提取信息，并将其有机地纳入自己的知识体系。

希望这本书对于你，也像对于我那样，如醍醐灌顶般点亮人生。

屠龙的胭脂井

2022 年 5 月

目　录

全能学习法

Polymath

第一章　门门皆通

本杰明·富兰克林（Benjamin Franklin）是美国历史上最成功和最具影响力的人物之一。他到底为什么这么出名？今天的人们主要通过他的政治成就知道他，但是在富兰克林活跃的时代，他以精通一切闻名。

富兰克林是一位才能卓著的发明家、广受敬仰的政治家，也是引领前沿发展的科学家。他投入时事，对社会活动充满热情。他在多个主题的写作上都很高产，在外交事务和政府公务中都扮演着重要角色。他还是一名企业家，创建了包括宾夕法尼亚大学和费城首个消防部门在内的多个社会组织。他当过邮政局长和政治讽刺作家。他发明了更高效的富兰克林炉（一种独立式火炉）和玻璃琴（一种乐器），还为了缓解自己日益衰退的视力而发明了双光眼镜。他涉猎电学，做过非常著名的风筝实验。对了，他还是参与起草《独立宣言》

的五个人之一，也是制定美国宪法的关键人物。他在许多领域都有卓越的贡献，人们甚至怀疑如果没有富兰克林，美国是否还能建国。也难怪很多学生会有种富兰克林当过美国总统的错觉。历史当然不是这样，但确实很难想象，一个人在主导了这么多项目、做了这么多发明和管理了这么多企业之余，还能匀出时间兼顾国家大事。

所以，本杰明·富兰克林到底为什么出名？

可以说，富兰克林的博闻强识令他超群，换句话说，他是一个通才（polymath）。Polymath 这个英文单词源于希腊语，原意为"博学"，仿佛正是为富兰克林这样的人量身定制的。通才通晓广泛的领域和专业，不止把目光局限在一个方向。他们精通多个学科，超越其中的人为界限，似乎本身就是在蓬勃地拓展人类的认知边界。世界上最知名的通才游刃于交叉学术领域，或者创建新的学科。他们是典型的"文艺复兴人"，可以为一切领域的知识累积跬步（抑或是显著提升对其的认知水平），启发我们去想象人类理解力和学习力真正的极限。他们跨领域的超凡造诣似乎说明他们拥有超能力。

还有很多享誉世界的通才，他们的名字我们耳熟能详：阿基米德（Archimedes）、莱奥纳多·达·芬奇（Leonardo da Vinci）、勒内·笛卡尔（Rene Descartes）、柏拉图（Plato）、艾萨克·牛顿（Isaac Newton）、伽利略（Galileo）、米开朗琪罗（Michelangelo）、埃隆·马斯克（Elon Musk）等。也许不是每个人都能达到这些人的水平，但是追求成为通才可以将你的人生提升到新的高度。这不是一种与生俱来的能力，而是包括你在内的每个普通人都可以习得和培养的。本书将告诉你，成为通才，成为"文艺复兴人"，成为自学成才的多面手，会有怎样的意义。在复杂的现代社会，专业越来越细分，我们却可以选择全方位地发展自己，在科学、艺术、政治、学术、工程、社会事务、文学、运动、心灵修养等方面都竭尽所能。

成为通才意味着成为全面发展和多有所长之人，意味着可以以一定的专业度做成所有事。其中最紧要的便是个人的发展、学习和成就，选定哪个领域反而几乎无关紧要。

样样不精

你听过这么一句话吗？"门门皆通，样样不精。"对于那些兴趣广泛、在多方面自由投入精力的人来说，这并不是一个正面评价。

尽管我们会仰慕本杰明·富兰克林这样的脑力强人，可是对于现实生活中不专耕于一个领域，而是在多个兴趣（有时候这些兴趣天差地别）之间跳转的人，我们常常不以为然。历史上关于通才和专才的争论从未中断，至今仍被热议。如果你调研过最著名、最成功的科学家，不难发现他们绝大多数绝对是通才。他们摈弃了浅薄、无效的方法，反而会在兴趣跨越多个领域时取得更加令人瞩目的研究成果。

众所周知，超级成功的企业家同样涉猎广泛，他们在一个产业取得成功之后，还会继续拓展形形色色的创业项目。有人会辩称，这些人之所以能成为跨领域的天才，是因为他们本身就很聪明且成就斐然，他们的成功与其作为多面手的才能无关。

但是，现在有好几项靠谱的研究为我们提供了另一个视角：一个人的成就与他拥有和掌握的多样兴趣、技能有关。2009 年，罗伯特·鲁特-伯恩斯坦（Robert Root-Bernstein）发表的一篇论文就分析了所有学科诺贝尔奖得主的数据，发现通才和创造性之间存在很强的关联性，这对认为只有专才才能成功的观念提出了挑战。

让我们进一步分析。大多数人提到著名的通才，指的就是那些不仅在不同领域都取得了成就，还创造性地融会各方面能力的人——不出意外，这里的 1+1 必然大于 2！

这些人不止擅长解决一类问题（这也意味着熟知一种处理手段），而且擅长学习本身。他们能够在人类丰富多样的知识库中博采众长，融会贯通不同的观念、方法和解决途径，进而迸发出具有颠覆性的新想法。某个领域或学科的许多真正的飞跃，都来自其他学科充满智慧的"过客"。他们会带来新鲜的视角，找出有利于两个领域的方案，或者直接拓展出一个全新的方向。

想象一个 T 字形。上面横向的笔画代表跨学科的知识面，纵向的笔画代表一个领域的知识深度。如果你读过马尔科姆·格拉德威尔（Malcolm Gladwell）的《异类》（*Outliers*），应该对"一万小时定律"有印象：经过一万小时的刻意高效练习，一个普通人也能成为某个领域的专家。但是这并不适用于通才——他们似乎没有投入这么多时间也取得了深入的突破。

这么看的话，比起埋头于单一领域而不闻除此以外的任何事，综合多领域知识似乎可以使人更快地取得突破。放到商业或创业通才身上，这一点更加显著：成为通才意味着更少遇到竞争——因为你面对的是一片未开垦的沃土。T 字形不是通才的终极目标，π 或梳子形更能代表通才：深入了解多个领域的知识。以独特的方式组合不同领域的洞见，奇迹就会发生。

莱奥纳多·达·芬奇、查尔斯·达尔文、埃隆·马斯克都是很有名的通才，即使这种高度难以企及，我们仍然能从通才的学习方法中受益。我们不需要攻读好几个学位，或者涉足相同的领域（物理、政治、商业和文学都一样，不过与其假设这些学科有共通的特征，不如思考一下为什么通才会被这些领域吸引）。

　　成为通才一定程度上需要转换视角：与其向着一个方向尽可能地跑远，更需要打开视野，尽可能多地吸收新知为己所用，不按常理地关联已有的知识储备。然后，大胆地提出探索性的观点，打破常规地提出问题，把看起来互不关联的事物结合在一起，看看会发生什么。

　　举个例子。一个人的本职工作可能是普通的电商营销，但他私下也可能是充满求知欲的读者、积极参与本地政务的公民，还可能固定给发表诗歌和短篇小说的独立文学杂志供稿。

　　这样的人会把他们对当下政治氛围的敏锐感悟，与艾瑞克·伯恩（Eric Berne）的心理游戏模式结合起来，为客户设计出一套全新的"声誉管理服务"。他们会因此升职，得到机会去管理公司的新部门。

他们没有在老观念上反复耕耘，而是创造性地把自己的技能与知识储备结合起来，这样既能提升自己的职场竞争力，还能打开新思路，发现前景可观的康庄大道。通才会施展个性，组合不同的技能，追求自己真正感兴趣的东西，由此为自己创造工作和社会角色，而且常常能够赢利。

在现代社会中，那些能在激烈的竞争和复杂的环境中综合技能、关联知识并蓬勃创新的人，通常都能获得丰厚的回报。正如 E. M. 福斯特（E. M. Forster）在《霍华德庄园》（*Howards End*）中写下的经典名句："只有连接（Only connect）！"像读文学作品一样地读化学书。想象共产主义哲学家卡尔·马克思会怎样看待当下的零工经济。如果你对烹饪、精神分析、性别研究和做生意都感兴趣，为什么不试试组建一个全部由男性构成的"烹饪疗愈"群组呢？离婚后不得不学着给自己做饭的男士可以在这个群组中彼此建立联系。

不过，虽然现实社会已经由杰夫·贝佐斯（Jeff Bezos）这样的通才在引领运作，绝大多数普通人仍然固守学科细分的常规思维。我们上学的时候，所有课程都根据学科划分。

有多少人至今仍然认为擅长艺术和语言的与精通数学和科学的是两类人，认为文科生和理科生的思维有着天壤之别？真正的通才不在乎这些边界。他们活在多样性中，兴趣越广泛，获益越多。

在本书中，我们不仅会揭示人类天生就是通才，还会分析增强这方面能力会带来的优势。成为通才不仅能让我们实现自我，还能引领我们取得学术和财富上的成功。

在一个学科取得排名前 1% 的成绩才有资格成为这个方面的专家。而所谓通才，就是在三个或以上的学科中排名前 25%。所以，通才的第一个优势很明显：从排名要求来看，成为通才更容易，毕竟排名前 25% 比前 1% 简单得多。那如何做到呢？"站在巨人的肩膀上"就可以了，你不需要在每个领域都从零开始成为巨人。通才的一项宝贵技能是快速地找到并统合高质量的信息。这种被称为"技能叠加"（skill stacking）的理念是本书后面章节中的核心议题。

全世界的专家肩负重任，推进了很多艰巨的工作，为我们创下待破的纪录。他们深入探索，不断积累高质量的知识，过滤掉低劣的材料。今天的我们很幸运，可以免费接触到这些知识。网上也共享了很多课程、视频、发表原创研究的论文和其他学习材料。与历史上任何一个时期相比，想要学习新事物的人都能更容易地找到一个几乎免费的资源宝库。

本杰明·富兰克林在世时没有互联网，他手执一支羽毛笔，在微弱的视力下孜孜矻矻。我们今天只要舒服地躺在沙发上，就能继续他未竟的探索！

我们可能已经习以为常，只要通过 YouTube 就能方便地找到丰富的专业知识。过去你需要认识专家本人、前往图书馆或辗转通过其他途径才能学到一点东西，今天却可以毫不费劲地自学一项冷僻的技能，学习一门新语言，在自家的起居室里就能编写软件程序，甚至随便一个下午就可以开始做跨国生意。

一般人环顾世界，似乎所有的点子都已经被想尽，所有的发明都已经被创造出来。但是通才知道，既存事实之间还能组合出无限可能。在演化心理学以外我们还能创建新的学科吗？继脑肠轴之后，我们还能有什么新发现吗？一旦组合起来，这些领域自己就会找到新的发展路径，实在是令人激动！通才无界限，组合策略能让知识激增。当你以整体视角去联系万物，界限就不再存在。这样才有可能取得新的突破，解决未解之谜。

通才的另一个优势就是灵活。通才的要义就是多样化，手头的资源越丰富，遇到变化时就越能快速地做出调整和适应。这样不但会令自己不容易被淘汰，还能为自己设计出新的职业。他们不必担心目前所在的行业会日益衰败，他们不会落在时代之后，他们是开拓新产业的先头部队。

如果你一直在把握人类命运的脉搏，自然就会发问：什么在演变？下一个大事件会是什么？其实，只要率先把其他人来不及细究的点子变现，你就能获得成功。没有人能预测未来，但选择得越多，押中下一个风口的概率就会越高。最后哪怕其中一个项目失败了，也不至于全盘归零。

当我们迈向未来，成为通才还有另一个微妙的好处。本杰明·富兰克林和他同时代的人所面对的问题很艰巨，但是那些问题的规模和我们今天所面对的完全不可同日而语。不妨想想全球范围内的气候变化和财富不平等、动荡的政局，还有各种新型疾病。

这些问题涉及复杂的细节，涵盖面也超出想象地广泛，必须想出更综合的策略来应对。若要迅速应对这些挑战，单靠专家是无法做到的。知道如何有技巧地综合不同专家之所长的通才，却能够找出细致和复杂程度不亚于问题本身的解决方案。从很多方面看，面对未来的各种困境，我们需要富有创意和打破陈规的新思维。

具备这种新型超级能力的人，入一行就能做好一行（比如我们上文列举的电商营销）。通才不仅顾及自我实现，还会把价值带给别人，并确保自己能直接受益。任何时代都迫切需要有创见的思考者，当下更胜从前。

你是什么"形"人才？

成为通才并不意味着必须走"文艺复兴人"的老路，不是非要从政、画油画或者在地下室鼓捣科学实验才行。现代的通才已经截然不同，不光一个人可以成为通才，具备不同专业知识的人所组成的团队或组织也可以视为通才。通才是多面手，他们可以和任何人谈论任何话题，因为他们可以弥合不同领域之间的鸿沟，使它们建立联系并从中学习。

还记得前文提过的 T 字形吗？如果你的技能组合起来有点像这个形状，那意味着你是比较初级的通才，有一定的知识面，但是只对一个领域有较为深入的了解。这种状态当然好过 I 字形，因为后者意味着你只掌握了一种细分技能，对该领域之外的事物一无所知。但是 T 字形不如 π 字形或梳子形，因为后两种的纵向笔画表示：这样的通才对两个及以上的领域有深入的了解，横向的知识面也更广。

你还可以更进一步。通才本质上会想要丰富自己所精通的方向，使自己更加多元，然后从中获益。你需要一定的专业技能，去把经过精心挑选的各类深度知识关联起来。你不会想一直只走一座独木桥，失去对世界其他方面的了解与联系；你也不会只想在一个领域浅尝辄止，只能给出一些没什么说服力的浅薄见解。

通才之所以能变成通才，源于他们天然的求知欲。他们并不会为了多会一门技能而去刻意学习，而是结合自身的特质、周围随时涌现的机会、已有的技能和热情，以及生存处境提出的要求等来有机地发展。有些任务更适合采用比较有深度的策略（比如发展较缓的行业，通常要求精细的操作），而另一些任务则不必太顾及旁枝末节，把握住关键节点进行推进即可（比如快速发展的领域，几年后无论如何都会有所转变）。通才会根据这两种情况来优化自己的策略，让收益达到最大化。

举个例子，一位女士拿到商学院的学位之后还积极投入其他兴趣中。她花了很多时间来深入学习基础且仍在发挥作用的商业原理，与此同时，她也会根据自己的即时兴趣灵活地变换学习方向。

她会报名参加手机应用开发的短期课程，学习编程；参与志愿者服务；开发新的爱好，尝试吹制玻璃；广泛阅读，从自助类读物到欧陆哲学，再到垮掉一代的诗歌、艺术史和20世纪60年代的流行恐怖小说，无所不读。她毫无疑问是一名通才，专注于多项兴趣的同时不忘商学的一般架构，这为她搭建起了认知世界的框架和规划人生的组织原则。

现在，我们加入另一个因素：时间。一些通才并不是同时应对多个任务的，而是逐个方向按部专攻，每个项目都会花上几年时间，在一个领域钻研到一定程度之后才转向另一个。这些通才都不是一蹴而就的，随着时间的推移，他们扎实地稳步积累技能和思维模型，在不同的事物之间发现新的关联和可能。

通才工作和学习的时间越长，就越见多识广。其实无论什么"形"的通才，都可以完全脱离固有的形状，比如变成"星"形通才，让各个方向的兴趣爱好都能继续向外延伸。这显然不是一种线性视角，而是把重点放在拓展技能集合上面，掌握尽可能多的技能。

想要成为星形人才，我们需要规划如何让自己在至少三个领域内做到前 25%，并向更多领域探索。你可以深度掌握体育和艺术（比如跑步或舞蹈）、一项技能（比如主职工作所需的技能）和社交（比如可以参加一门咨询课程，参与本地政务或志愿者工作），然后从这些领域开始发散其他的尝试：比如考虑教舞蹈、用志愿者经验给自己和同事赋能、通过职业网络发掘新的事业关联和人际关系。如此，通才富有创意地把几个主要投入的领域连接起来，有机地开拓自己的疆域。

大卫·爱泼斯坦（David Epstein）的通才圣经《成长的边界》（*Range: Why Generalists Triumph in a Specialized World*）研究了跨多个专业的诺贝尔奖得主，发现这些杰出的科学家与平庸的学者相比，成为业余舞者、演员、诗人和思想家等的可能性高出 22 倍。这个数字令人震惊。结论很清楚：门门皆通并不会降低一个人所选专业的学习、研究和工作效率，反而会帮助他在至少一个领域取得成功。

经营生意必须提出独特的销售主张（USP），这是营销专家常挂在嘴边的话。而"独特"对通才来说是习以为常之事。

正因为能率先发现不同领域之间可能的新关联，通才才能常有所成。

育儿、商业、教育甚至运动，几乎没有一个领域是无法应用通才策略的。成为一个全面发展的独特个体，不仅能让一个人具备一系列有价值的技能供其征引和组合，还能超越学科分野，从根本上提升流体智力[①]，以及脚踏实地地学习和思考、统合知识、发挥创造力的基础能力。

文艺复兴思维

商业顾问兼作家弗兰斯·约翰松（Frans Johansson）描述过美第奇效应：不同背景和学科的人才汇聚在一起，新理念和富有创意的解决方案会随之涌现。这个效应的名称来源于 15 世纪的美第奇家族，他们当时汇聚了世界各地的艺术家、作家、哲学家、数学家和其他创意人士，引领了文艺复

---

① 流体智力（fluid intelligence），由美国心理学家雷蒙德·卡特尔（R. B. Cattell）提出，指的是一个人学习和解决问题的能力，即面对不熟悉的事物能以迅速准确的反应来判断彼此间的关系的能力。——译者注

兴时期很多方面的发展。可以说，正因为 15 世纪佛罗伦萨和罗马两地有各方人才密集交流、交换想法，所以才有了文艺复兴。听起来很熟悉吧？如果个人无法多方面发展自己的天赋与技能，那么把人才汇集到周围弥补自己的不足，也不失为一种好方法。

在约翰松看来，美第奇效应在现代商业社会中仍能发挥关键作用，可以在尽可能缩减成本的前提下最大程度地满足客户需求并提升利润。他相信，富有创意地组合既有的概念可以催生新的想法，他提议在配置人员时要广纳不同背景、经历和专业的人才，这样才能催生出最佳的解决方案、视角和创新。

对于日常生活中的创新和解决方案来说，这个效应也同样成立：吸收不同学科的知识、关联多领域的理念，是想出新点子的有力工具。某个领域中常见的东西，在另一个领域可能成为卓越的工具。某个学科中常见的视角和解决方法，在另一个学科可能会引发巨大的变革。某个领域的常规想法，可能在另一个领域碰撞出有趣的新应用。

　　比如制定和推行交通规则，不单单要依靠电力、工程学、信息科技领域的发明与应用，还需要结合视觉艺术、心理学和广告的作用原理。心理学中有个广为人知的理论：人们做决定时，并不只看客观信息，还要满足自己的情感诉求。结合这一理论，使用了笑脸符号的交通灯，让人们变得更愿意听从交通灯的指示。

　　跨领域地组合多学科的知识与资源会带来很多优势，这不仅仅是一种假想。布莱恩·乌奇（Brian Uzzi）教授就通过他的研究为此提供了明确的佐证。他研究了过去几个世纪里发表的 2600 万篇科学论文，发现绝大多数最有影响力的研究均出自混搭了不同背景人才的团队。乌奇教授主导的另一项调查发现，顶尖的研究常常出人意料地将不同的研究结合起来，至少有 10% 引自本研究领域之外的其他方向。

　　我们今天仍在乐此不疲地谈论莱奥纳多·达·芬奇和他的全面发展，这或许并不奇怪——因为他实在精通太多东西了。往少了说，他是一位技艺高超的画家、雕刻家、工程师、建筑师和解剖师。他对鸟类学、机械学和密码学也有浓厚的兴趣。他为我们提供了一个绝佳范本：可以在不同的学科之间进行协同，做出真正能革新时代的创作与发明。当然，美第奇家族是达·芬奇一生最主要的资助者，也就更不足为奇了。

阿尔伯特·爱因斯坦也采用了这种文艺复兴式的研究方法，我们将在后面一章更深入地分析他独特的创造技巧和创新思维。

T 形问题

只精钻一门学科或技能可能真的会阻碍个人发展，那该怎么办？

T 形思维会在不经意间削弱创造性解决问题的能力，把人禁锢在有限的自我认知中。这种现象可以用定势效应（Einstellung effect，Einstellung 是一个德语词汇，意为"设置"或"态度"）来解释。

没有人会觉得发展一门专业技能太浪费精力，但是如果过度依赖单一技能，这种"专业性"就会变成一种负担和阻碍。假设你是一名依靠已有知识和经验进行分析和判断的专家，那么在很需要新想法的情境下，你会明显处于劣势。你是否见到过一个外行比一堆所谓的专家提出的想法更有创意、更适用于当下？定势效应就能解释这种状况。如果太了解一种事物本应或者通常是怎么运作的，就会很难打破这种思维定式。

手里拿锤子的人，看什么都像钉子。

确实有相关的研究表明，熟稔于心的专业技能有时候会阻碍人们在一些情境下创造性地解决问题。积累知识很美妙，但也会使思维僵化，让人在遇到问题时无法灵活应对。专家容易固守传统，因此会错失摆在眼前的更好选择。

"定势效应"由亚伯拉罕·S. 卢钦斯（Abraham S. Luchins）和伊迪丝·卢钦斯（Edith Luchins）于 1942 年首次提出，他们让研究人员做了一组水罐实验，包括许多其他的变体实验。他们要求受试者用三个不同容量的水罐量出特定量的水。一组受试者需要完成任务并推导出解决问题的公式。与此同时，另一组受试者完全不参与这一轮实验。

然后两组受试者都需要完成一个类似的任务。参与过倒水实验的那组受试者不出意料地沿用了从上一轮中得出的公式，但他们由此错过了第二组受试者采用的更简单的方法（用两个罐子即可完成）。正因为第二组没有参与上一轮，没有经过练习，也毫无经验，他们才更轻松地完成了第二轮的任务。

这个实验告诉我们，先验知识作为一种已经习得的思路，有时候会强烈地阻碍一个人去发现更好的选择。第一组受试"专家"因此在第二轮中表现不佳。这无疑让我们开始重新审视全世界所有告诉我们应该怎么做的专家！鉴于定势效应，以及专家会以专业咨询为由收取高昂的服务费，我们日后面对生活中的种种问题时，不妨另辟蹊径（也更省钱），跳脱出所谓专业思维的条条框框，寻找更佳的解决方案。

后继的研究者们也得出了类似的结论，他们发现非专家似乎在需要创造性的难题上表现得更好。卡尔·邓克（Karl Duncker）通过著名的蜡烛问题说明了"功能固着"现象：只用常规用途去看待工具（在这个实验中是一盒火柴、一根蜡烛和一些图钉），就会错失想出非常规办法的机会（要想把蜡烛安装在墙上，不妨将火柴盒用作壁架，而不只是装火柴的盒子）。受试者被自己固有的认知困住，无法以新视角来看待面前的工具，也因此无法打开新的解决思路。

不过，如果受试者的认知基础更偏向 π 形甚至梳子形呢？他们更会借助不同行业和学科的跨领域思维推导解决方案吗？我想你已经知道了答案。发人深思的是，如果你是 T 形人才，那么不管从事什么职业，你都有点像在亨利·福特的流水线上工作：每个工人只有一种功能，流水线上的每一颗螺丝钉都很容易被替代。而如果你更全面地发展，能发挥更多的功能，也就更不可能被替代。

在下一节中，我们先不深究吸引通才的具体领域，先来分析通才之所以能成为通才的心态。

画重点

- 一提到"通才"，我们首先会想到历史上那些我们完全无法企及的天才。我们可能确实无法成为那样的通才，但是仍然可以从他们的学习方法和组合技能中提取到能为己所用的内容。通才是精通多个领域的专业人士。这个定义似乎过于简单了，但却直指通才的要义。当不同领域的想法互相碰撞时，奇迹就发生了，跨领域的开阔思路会帮助你探索新路径、解决问题、跳出思维定式。

- 本书鼓励读者成为 π 形、梳子形甚至星形人才，他们与 T 形人才截然不同。横向的笔画代表知识面的广度，纵向的笔画代表认知的深度。谁有时间学习这么多东西呢？其实很多人都行：亚里士多德、莱奥纳多·达·芬奇、本杰明·富兰克林、埃隆·马斯克……有不少研究发现，人员配置多元的团队、掌握很多才能的个体会很高效，能把旧知识应用到新场景中的人会有高水准的表现。相关的理论研究表示，意大利佛罗伦萨的文艺复兴正是由这种多元混合所引领的。

- 我们似乎已经在这个主题上绕了太久，然而多元吸收
知识的重要性无论怎么强调都不过分。如果局限在一
个领域内过度精攻，那也会导致问题。这就是定势效
应，说的就是举了把锤子看什么都是钉子的人。深陷
一个主题之后，就很难跳脱出来发现其他工具、方法、
路径和视角。一个生物学家只能看到生物学相关的问
题，以此类推。

- 可以通过亨利·福特工厂的装配流水线来看通才，这
样比较容易理解。在这样的流水线上，每一个人都只
有一个功能，任何时候都很容易被替代。一个人越全
面发展，能发挥的功能就会越多，不可替代性就越强。

全能学习法

Polymath

第二章　通才思维

根据目前对通才的了解，我们很自然地提出一个问题：我们能从他们的学习和工作方法中学到些什么，又如何能尽可能地做好准备，以期在这个快速变化的世界中取得成功？回答这些问题需要多一点创造性思维，而不仅仅是问"哪些技能放到现在的人才市场中最能议价？下一个风口是什么？"。

真相是：成功的通才通常会被无穷尽的好奇心，或者对所从事工作的热爱，抑或是对精湛的技能、丰富的创意和高超的表达力的向往（也许是混而有之）所驱动。这些通才的专业可能没什么交集，但是他们对生命有着同样的热忱，也具备同样的特质，能将他们推向更远大的前程。

所以我们不能简单地模仿通才工作的最终成果。我们需要探究他们如何思考和工作，而不是咀嚼他们行事的细枝末节。我们需要发现是什么让他们不满足于做一个简单的 T 形人才，而要向 π 形和梳子形人才发展。

很多人错误地认为，要按照所有流行趋势来提升技能，才能保持竞争力。很多人经常询问如何学习编程或者交易加密货币，这并不是因为他们真的对这些东西有热情，而是因为不断被灌输恰好走这些发展路径（现已被太多人复制）的科技新贵的各种故事。

可惜这是一个失败的策略，因为：首先，像以上例子中提到的备受各界热捧的流行产业，可能已经走上了下坡路；其次，一味地模仿别人会让你无法开发自己独特的天赋和视角。

适应性和开放的心态

通才精神是一切的核心。无论这种精神表面上看与特定的领域、学科或主题有多少关联，实际上它独立于它们之上。与通才精神有关的是多面性、灵活性和开放性。

举个例子。有这么一个人，他相信服装设计和制造业的未来正在改变，必须让生产过程和产品符合社会伦理，并且要更在乎有环保意识的消费者，如此企业才能在行业中生存下来。

这个人也许是时尚业从业者或购买制衣材料的采购员，他致力于使用传统制衣业的老旧商业原则来建立新的品牌并进行推广。但是他僵化的经营思维和对陈旧商业运作方式的固守，使得他不愿意改变或者学习新的东西，也会忽略这个行业中很多微妙的变化，无法察觉已经有各种苗头在提醒他们"老方法"不适用于现状了。

另一个人是非常用心的通才，可能在完全不同的领域中谋生，但他同时也培养了买卖二手衣物的爱好。虽然这个人丝毫没有商业背景和经商经验，但是他把握住了时尚业真正的脉搏：租赁和二手是未来。这样的人会追随灵感快速行动，一年不到就建起交易活跃的线上衣物交易平台，彻底打破了原来的市场。

当时尚业老手在自己的职业生涯中止步不前时，通才在没有依照任何老规矩的前提下超快速地取得了成功。这是因为他们不被时尚业的先入之见、老旧的商业模型、可能已经过时的理念以及"照常营业"的思维所约束和限制。

这种例子越来越常见：非专业出身、经验尚浅的创业者凭借他们的灵活性、创造性，通常还有锐意的胆量，突入一个行业，并做出一番成就。

在这里，思维方式和态度决定了一切。这意味着，必要时必须主动去适应，要自如甚至专业地考量快速变化的因素和变幻莫测的挑战。通才在面对逆境时通常不会为如何生存下来而迷茫，他在机会来临之前就已经做好了准备。不同于被动应对生存处境的思维，通才会比其他人更早地融入新的理念和主题，而且他们之所以会这样做通常只是因为乐在其中。这也是为什么不要仅仅模仿通才的一举一动，而是要更深入地剖析他们的思维和视角，看看到底是什么促使他们采取了有别于常人的主动行动。

让我们更仔细地检视一下通才的态度。

　　首先，每个通才都教我们合理地漠视规则。充满创意和善于创造的人认为规则是暂时的，而边界只是打造中的模型，它持续变化，直到人们创造或发现更好的东西。他们知道，对与错常常只是一种观点（还常常错漏百出），所以他们不会让平庸的常规限制住自己的所思所想。

　　总而言之，如果想要跳出舒适圈发展事业和创意，那么必须搁置常规的判断和假设。创造者有丰富的内涵和旺盛的好奇心，远远超越日常的规训和对错标准。

　　具备这种态度是泰然面对不确定性的必要前提。对聪明和有创造力的人来说，提出大问题和给出解答是他们身为通才的一部分职责。

　　历史上的很多通才都秉持这样的态度："我没有在这个世界上找到想要的答案，所以我要自己创造一个。"这种深刻的个性和自由，源自一种容忍未知的意愿，能在信息不完备的条件下行动，承担风险，并在一个尚未被权威人士占领和规划的世界里生活——这些权威会告诉你必须做什么。

通才常常失败，失败有时非常惨痛。但当别人无法容忍未知和可能的失败时，通才并不在乎，他们不仅会爬起来重新前进，还会在这样的条件下有所成就。

如果没有纯粹的好奇心，也没有掌握真正的知识或者精通任何技能，人们往往无法达成远大的长期目标。而这些正是通才视若珍宝的东西。他们专注于自己想要的东西，不让任何教条限制自己，并尽力克服不理性的恐惧与懒惰。

最终，通才以不受局限的视野对待自己感兴趣的事物，也以同样的方式看待自身的发展：不给自己设限、不背负太多包袱和过度简化的标签。细想这些特质，我们会发现包括自己在内的很多人都在用某种方式给自己贴标签，并且乐于接受这些标签所暗示的限制。

通才就不会为此困扰，他们几乎不定义自己，而是会对各种可能性和潜能尽可能长久地保持开放。

看看我们现在用多少标签来表示性别认同和性取向。你可以选择自己所属的党派、人格类型、血型、民族或社会阶层，然后赋予这些标签尽可能多的重要性。这些标签说明了你的宗教信仰、支持的球队、国籍、种族，甚至是你订阅何种语言的媒体。你还可以测 DNA，更精准地确定你的演化族群。

泛滥的标签会把你与真切、自发、随性的生活感受隔绝开来，你的生活变成了"从标签上看很像你的人"的生活。比如，你告诉自己"R&B 不对我的口味，我真的讨厌这种音乐"，然后就彻底排斥去听一个你很可能会喜欢的音乐人的作品。你对自己音乐品位的标签式认知此时就成了一种限制，清楚地把你觉得属于你的东西和不属于你的东西区分开来。

通才就不太为自己设限，他们愿意尝试更多新领域。他们不在乎像他们这样的人会不会产生某个想法、做出某种行为或提出某个问题，他们丝毫不畏惧改变想法或者质疑前一个选择是否依然有效。在求索问题的答案和达成目标方面，他们是不可知论者。所有的偏见、假设和自傲都会被他们放在一边。

这个影响深远的观念值得反复强调：我们对自我的认知会影响我们未来可能增加的经验与知识。这种观念还可能成为自我实现的预言：经常告诉自己"我是一个特别的人"，久而久之自己就会成为一个特别的人。

要掌握通才思维，你需要审视自己做出的选择、秉持的理念和提出的问题：你是否只是在根据自己的身份标签行事？你像一个华裔美国人一样地投票、购物、说话和工作，只因为你是一个华裔美国人，而且觉得华裔美国人就应该这么做。但人是会改变的。如果你从不让自己跳出旧身份行事或感受，就永远不会知道自己还有多少可能性。

成为一个适应性强、灵活多变的通才思考者，关键就在于不要过于拘泥在旧我和已有的局限之内。和十年或二十年前的自己相比，你还是那个你吗？如果不是，那你也许不应该固化自己，因为现在的你显然也不是最终的你。

时刻保持灵活，不对任何事想当然——甚至不以不变的眼光看待一个对所有事情都想当然的人，通才就是这样让自己的头脑保持活跃，并积极面对变动和新机会。他们会迅速成长，很少受到干扰，因为他们不会固守已经不发挥任何作用的旧观念。他们不惧怕承认错误或者放弃一个项目，哪怕他们已经往里面投了不少钱。

对聪慧且充满好奇心的通才来说，自己的身份并不存在固定的终极状态。总有问题尚待解答，生活也不会一如既往。你当然想要维护和秉持自己的价值观。是的，你有自己的喜好、偏爱和兴趣。但是不同于其他人，通才会不断地就自己的喜好、偏爱和兴趣提出问题，探索更优化的方案，以期做得更好。

通才不会浪费时间用任何方式来定义自己，他们会根据自己想做的事来转换对自身身份的认知。所以你经常会看到，真正有所成就的人，每每听到别人称他们为"天才"，都会摇头摆手。由此可以看出，他们的成就并不源自膨胀的自我或对自己身份的感知，成事不在于他们是谁，而在于他们的所做、所学和所知。

实验性

所以通才都有着开放的思维、旺盛的好奇心，还有一些无畏。他们无法被轻易定义，同时也享受这种无法被定义的状态。

通才的世界观里还有一个很值得关注的要素，那就是"实验性思维"。这也可以解释为什么历史上的很多通才或多或少都参与过"硬核科学"。科学方法在某种程度上契合和形塑了通才天然的好奇心。科学实验想要探索这样的问题：

这个世界究竟是怎样运作的？为什么这个事物会以这种而不是其他方式运作？我怎样才能更近距离地探究？如果我这样做，那会发生什么？通过这种方式，我又能对这个奇怪的玩意儿增加什么了解？

有些人更习惯用科学思维来思考，这种能力也可以后天鼓励和培养。只需调整一下思考习惯：事先不要做任何假设，实际检验之后再一判真伪。这种细微的思维转换至关重要。

　　每个人都用定势思维看待过某样事物的发展，但这种看法的背后有证据支撑吗？不知道一个新的方案或想法会如何发展，为什么不亲自去测试一下呢？

　　科学实验指的是通过物理或化学反应来增进对自然的理解。在现实生活中，实验也会带来数不尽的好处。其中一个好处就是：时刻想着要在现实中推进这个想法，你就不能眼高手低。摆脱了完美主义的束缚，空想就能变成现实。

　　总是找借口说要等待完美的时机或机会，就意味着你从来没有付诸行动或积累新的经验。只要稍加尝试，进行测试，让纸上的计划运转起来，那么即使目前还不尽完美，与游手好闲和拖延相比，你仍然能收获很多。

　　通过实验，你可以获得所有科学家都想要的东西：高质量的数据。一直空谈就拿不出有说服力的证据。行大于言，真正去实践才能获得有用的信息。

　　实验为你提供了尝试不同东西的机会，然后观察结果。

若把个人发展、挑战和目标都视为实验，你就卸下了压力，同时变得更有行动力。我们每个人都拘泥于极多未经论证的假设之中，其实只要我们敢于挑战，就能摆脱常规的枷锁。

实验为改变打开了一扇窗。尝试新奇事物的时候，就相当于向全世界宣告："我对结果保持开放的思维和好奇。这将引领我们走向更好的新未来，谁知道呢！"你遇到过兴致勃勃地聊起当年未竟之志的老年人吗？如果一有想法就赶紧测试，便不会再好奇会有怎样的结局——正因为尝试过，所以才知道。久而久之，你面前就有了全新的选择和潜在的挑战。

科研中的实验通常离不开实验室，操作规范且严谨。但在日常生活中，你可以按照自己的标准随时开展实验。如果你发现自己开始拖延，就请参考一下通才科学家的态度：饱含求知欲，一心只想从实验中得出些什么。尝试一下 X 或 Y 又会怎么样呢？会面临世界末日？当然不会，这只是推进研究的一种提问形式。30 天尝试一个新爱好。面对一种没吃过的新食物，哪怕觉得自己不会喜欢，仍然试吃一下。哪怕心里稍有畏惧，也要敢于说出"我试试"。

通过实验让自己跳出日复一日的常规生活，更自由地去提问：如果我尝试些别的事呢？经过实验的测试，你就会确信一系列行动安排能够产生价值，或者证明如果不全力以赴，结果一定很糟。

看到小实验获得的实打实的结果，会让你感觉自己在主导自己的世界。你可以提出问题，找到答案和反馈，下次再提出更好的问题。换句话说，你可以在这个过程中成长和学习。

看完上面的论述，如果你想在现实生活中实践实验精神，首先需要打些基础。怎么做呢？为自己营造一种开放的安全感，即使失败也不会承担过于惨痛的损失或过大的压力。

和创造力一样，在充满敌意和风险的环境中，好奇心也很容易被磨灭。如果觉察到了威胁，你的主观意识会倾向于保守，首先考虑保全自己的生存，而不是扩大探索和鼓励新尝试。如果你想追随通才的路径，就请在自己的生活中开辟出一个可以尝试、探索和提问的空间——可以不顾业内批评者的评价，也不用为必须事事完美而焦虑。

改变一下自己对失败的定义吧。没必要在失败的可能性面前缩手缩脚，失败只是漫长探索路上的一段小插曲而已。

与其把失败视为一种羞辱，或是对所尝试之事的否定，甚或是对整个人的否定，不如把它看作学习和成长的一环。珍视失败，不必因一次失败而心烦意乱。实验性思维让人把正在经历的一切都视为实验的一部分：大胆尝试，看到阶段性的结果，据此调整，再重新启航。重复这个过程，直到过完一生。

更重要的是，如果你能更看重热情、好奇心和挫折之后的恢复能力，而不是整天担忧变动和"失败"，就会打开全新的处事思路。你开始享受发掘知识的过程，而不是躺在功劳簿上不再进取。专注于"过程，而非结果"，这一点很多通才不教就会。他们为了创造的乐趣而创造，为了解决困难的乐趣而解决问题。

孜孜不倦地用实验性思维思考问题，它就会内化为一种本能，让你持续享受当下的乐趣——不断更新和重新评估自己的尝试。换言之，学习和进化会成为你的第二本能。你的出发点只是乐趣！专注于过程，你将不会为任何暂时性的结果所困扰，哪怕外人觉得你"失败"了。保持实验性的开放心态，无论结局暂时如何，你永远在收获。

初学者心态

这里的初学者不单指刚进入某一个领域的菜鸟，还包括在一个领域深耕多年但仍然把自己视为新人或业余人士的老手。怀揣初学者的心态能帮助你把整个世界都视为学习素材库，从而不断地提升自己，随时准备好调整思路。根据定义，初学者指的是尝试新事物的人，这样的人不管带着怎样的动机，都有意愿打开思路。

在外人看来，通才似乎是多个领域的专家，但是这种看法有些问题。因为人们通常错误地认为（甚至很多专家自己都这么认为），"专家"已经不需要学习任何东西，而"成为专家"意味着已经掌握了某个方面的全部知识，任何关于继续学习的建议都是一种侮辱。你会以为（或觉得）自己已经超越了所有局限，身前再无前进之路。

但是转换一下思维你会发现，初学者心态和专家心态没有多少差别。因为一旦决定要成为某个领域的专家，首先就要明白自己在这方面学无止境。即使已经成为某个领域公认的权威，也还是要继续学习和发掘，对更多的未知表示敬畏。真正的专家从不会停止查缺补漏。由此可见，专家和初学者都对新知识和新启发保持开放的态度。

初学者心态源于禅宗所谓的"初心"（Shoshin），意思是"拥有开放和渴望求知的心态，开始学习之前放下先入为主的概念，即使在更高阶的学习中，也继续保持初学者的姿态"。

遇到新的，甚至是比较熟悉的状况时，无论觉得自己多烂熟于心或精于此道，仍然要调整到初学者的状态来重新体验。抛开此前已经定型的认识或对经验的期待，像第一次遇到这种状况一样，带着好奇心和惊奇感步入其中。

为了更好地说明，请你想象自己透过卧室的窗户看到外面有一群斑马（希望这对你来说是一个全新的场景）。感受到最初的震撼的时候，你会有怎样的观察和疑问？

眼前的这一切唤醒了什么熟悉的回忆或者可能在电影中看过的场景吗？你试图理解看到的这一切，试图道清前因后果。之前发生了什么，接下去又会发生什么？第一眼之后，哪些细节让你觉得惊奇，或者十足怪异？你接下去会集中思考"为什么会这样"，还会想"接下去会怎么发展"。你可能会被强烈的感受和刺激淹没。与已经知道的事实相比，你现在疑问更多，你会执着于破解这一场景的发生逻辑与概率。

可以说，你在以好奇心和开放的心态尝试理解这群斑马的出现。但是如果此刻经过你窗外的是一只小鸟或一只松鼠，你可能就不会产生同等的兴趣或好奇。

再以学一种新的乐器为例。你会提出哪些问题？要从哪里开始学？你还不知道要着重注意或忽略哪些事项，所以眼下的每一件事看起来都非常重要。你也许会注意到乐器的易损性和功能局限，比如先小心翼翼地不破坏乐器，再探究乐器各个组成部分的功能。你既充满好奇，又小心翼翼，生怕犯什么错误或损坏哪个部件。你再次遇到了很多问题，现阶段得到的答案甚至还未触及乐器学习的皮毛。在接下去的很长一段时间里，你都不会忘记最初接触乐器时的直观印象。

这些就是初学者心态的基础。如果你重新设置自己的思维模式，回到一块白板的状态，就像从来没有接触过某样事物，你就会对相关事物的各个方面产生好奇和疑问，这样远比自以为懂更容易获得新知。

这里应该强调一下，通才的初学者心态赋予了他们提出蠢问题的能力。所谓的专家依赖于假设和自身的经验，通常不会再精进探索。如果你能自在地提出蠢问题，不把答案推给假设或偶然，事物的原理就会清晰地展现在眼前。专家和通才有时也有盲区，因为他们熟悉的模型可能已经不再适用于新问题。

你可以用同样的原则去处理新的或熟悉的各种状况。下次开车时，可以留意一下你自然而然会做的一些事，并大声地报出来。与此同时，注意一下你已经习以为常到不再注意的细节：方向盘上的隆起，里程表的闪烁，或者车载空调发出的声音。哪怕是这些极不起眼的细节，都可以为你解锁从未有过的体验。

总的来说，初学者心态要求人放慢速度，放下定势思维，而去关注忽略已久的各种新细节。

信念

信念听起来不复杂，但不是每个人都拥有。

无论是纯粹出于信仰，还是本来就会忽视可能遇到的困难，通才相信投入时间、努力和精力，他们终将解决问题或达成目标。在此过程中，他们会获得更深入的知识，变成我们之前介绍过的 π 形人才。只要不断地学习、提升或者达成任何一个小目标，无论你是否相信自己，你最终都会得到正确的答案。

我们可以拿英国跑步运动员罗杰·班尼斯特（Roger Bannister）爵士的例子来说明这一点。如果你不太关注田径比赛或者不熟悉体育史的话，这个名字听起来可能有些陌生。

1954 年，罗杰·班尼斯特成为 4 分钟内跑完 1 英里 [①] 的第一人，在那之前，其他运动员屡屡逼近这一纪录，但从未成功突破。

完整的 1 英里大约相当于标准跑道 4 圈的长度。所以，要跑入 4 分钟大关，运动员跑一圈的平均用时是 60 秒——当时这被认为是不可能完成的纪录。人们认为在 4 分钟内跑完 1 英里是人类体育史上的奇迹，就连专业的田径运动员都认为这一纪录难以企及。不过我们不要忘记，这是几十年前的认识了。当时，现代竞技体育还在初级发展阶段，运动员无法得到现在这样的训练、营养和护理。与现有的技术相比，当时运动员的训练方法堪称史前时代。

---

①　1 英里 ≈ 1,609.3 米。

1 英里跑的世界纪录在 4 分 02 秒和 4 分 01 秒左右停留了 10 年，所以人们普遍开始相信，人类已经达到生理极限。1896 年第一届奥林匹克运动会上，赢得 1500 米金牌的选手跑出了 4 分 33 秒的成绩，约等于用 4 分 46 秒跑完了 1 英里。所以，在罗杰·班尼斯特破纪录之前，人们对突破这一成绩不再抱有更高的期待。

人类一路走来披荆斩棘，似乎已经臻于完善。当然，人类现在还有极限，比如 100 米短跑的最快纪录。为了便于对比，我把 2020 年的 1 英里跑世界纪录列在这里·那是由摩洛哥的希沙姆·格鲁杰（Hicham El Guerrouj）跑出的 3 分 43.13 秒。

在 1952 年的赫尔辛基夏季奥运会上，班尼斯特在 1500 米项目中跑出了第四名的成绩，刚好无缘奖牌。因比赛失利而懊恼、羞愧的班尼斯特为自己设置了新的目标：用不到 4 分钟的时间跑完 1 英里。他觉得这能激励自己走出比赛失利的阴影。不同于同时代的其他跑步运动员和专家，班尼斯特认为这是一个可以实现的目标，所以他一直怀揣着这个信念开展训练。对他来说，问题不在于能否实现，而是何时实现。认定目标一定会实现，同时大胆畅想实现之后的事，可以让你彻底颠覆以往的表现。

1954 年，罗杰·班尼斯特当时正在医学院攻读学位，他同时热切期待能跑出新纪录。最终，他在当年的 5 月 6 日以 0.6 秒的优势跑进了 4 分钟，最终成绩为 3 分 59.40 秒。这一结果让很多人难以置信，他们将班尼斯特尊为超人。因其卓越的突破，罗杰·班尼斯特在 1975 年被封为爵士。他在漫长的一生中一直积极投身英国体育事业，是英国体育对内和对外的重要使者。与此同时，班尼斯特还是一名医生和神经学家。

罗杰·班尼斯特爵士的 1 英里跑事迹为后来者注入了信念。在他打破世界纪录的 2 个月内，一位名为约翰·兰迪（John Landy）的澳大利亚运动员也用不到 4 分钟的时间跑完了 1 英里，还打破了班尼斯特的纪录。在之后的一年里，又有 3 名运动员跑进了 4 分钟。在接下去的 10 年内，数十名运动员都突破了这个笼罩在跑步运动员头上数年的 4 分钟极限。

这就是信念的力量。人们会先入为主地认定哪些是可能实现的，哪些是不能实现的。但绝大多数时候，这些想法禁锢了他们。他们主观地定义了自己的可能性、能力以及对自己的信念，剥夺了自己突破极限的可能。

没有信念，你会给自己强加限制。你会成为自己的障碍，甚至连尝试都不敢。

班尼斯特打破纪录的几个月内，后面的 4 位运动员在生理上并没有发生什么突变。他们没有神话般地长出带翅膀的双脚，也不像今天的某些运动员那样使用提高成绩的药物。他们没有改变自己的训练习惯和规律。他们所改变的就只有信念：他们相信 4 分钟的极限可以被打破，他们就是要跑进 4 分钟！这是这一切之中唯一可改变的因素。

罗杰·班尼斯特重新定义了人类的可能性，也为别人带去了信念。如果班尼斯特不信自己的目标可以实现，他就会满足于 4 分 01 秒的成绩，然后在看到约翰·兰迪等运动员率先打破 4 分钟纪录后抱憾终生。

通才相信他们能成为专家，相信自己能更优秀，相信有志者事竟成。其实，正因为目标难以实现，他们才会怀揣强大的动力，通过奋斗不断前进。他们相信困难总会被克服，无论前路多么艰难，他们仍会持之以恒。他们相信，失败和挣扎只是途中短暂的停顿点。

由此，我们也来到了通才意识的最后一个要素：坚持。

坚持不懈

想要变成真正的通才，我们不得不跳出舒适圈，不让自己局限在已有的喜好和乐趣之中。这是成大事者的天性。言归要义，我们需要面对有些恼人和令我们不适的处境。

也就是说，成为通才没有捷径，没有窍门，没有速成的技巧。更宏大意义上的成功属于那些能够很好地承受焦虑和不确定性的人，他们能为了更长远的目标做出牺牲，而不仅仅追求一时的欢愉。

通才之路＝面对不安。

我们都想成长，都想有所成就，但是这一过程令人不安。进化之路上时不时会感受到不确定性和风险，我们不得不放弃即时的享乐和做得顺手的老习惯。成长和发展是一个人不断拓展、冒险和探索的过程。所以不离开过去的安乐窝就无法进步。有时候，求变会带来阵痛，因为过去已经过去，未来的可能性渺小且模糊。

面对简单之事，我们不需要自律也能完成。我们不需要付出努力或用特殊的技巧就能从中获得乐趣。但是如果还想卓有成效地继续突破，我们就需要在做不喜欢做的事情时保持自律。与其把痛苦、不舒适和不确定性视为快乐和成功之路上的绊脚石，不如把这些经历视为人生的一部分。如果我们能泰然应对这些困难，就可以解锁更大的快乐。

学习承受甚至拥抱不安，会遇到一种矛盾的张力。练习面对不安确实一点都不有趣，但是从更长远的角度看，这可以让我们收获更多的成就，而不是一味地追逐转瞬即逝的欢愉和变化无端的享乐。

简而言之，我们之所以练习自律和面对不安，是因为我们尊重人生必然包括那些让人不快的感受。勇于跳出舒适圈从而获得看待事物的新视角，这可以为我们创造新的满足感、意义和快乐。人生会变得更容易，自我会变得更强大，面对每天遇到的试炼与困难也不再退缩。

自律会让我们的期望更加合理和实际，我们工作更加专注，目标更加明确，也会因此取得更多成就。自律并不来自一时兴起或者空想的理论，而是来自我们每日每时反复完成的实践。在这个世界上，最简单的事就是走阻力最小的路，它会让你轻易地落入"不劳而获"的陷阱，自律正是克服这些简单诱惑的一种习惯。

乍一看，追求快乐很符合逻辑：因为快乐的感觉很好，所以这种追求一定没错，对吗？但是如果某件事情具有极大的不确定性，这件事会改变我们身边的一切，还可能让我们在一段时间内备受煎熬。我们会很不自在，还要被迫去面对本不想面对的各种事态。那么，我们还要去追求这样的目标吗？如果我们知道这种状况总会发生，那么与其盲目地追求一个耀眼的目标，在事态发展偏离预期的时候手足无措，不如早做准备，沉着应对。

在事态进展较为顺利的条件下（比如还没到被迫应对的地步时）学会承担压力、不确定性、疑虑和风险，这会让你有机会练习和发展出自己的行为准则，为未来的不利处境做好准备。打个比方，如果有一天你不得不脱掉鞋子走路，那么假如之前就已经试过赤脚走路，你就有了面对这种突发状况的"免疫力"。这也意味着你没那么需要穿鞋走路，因为你已经从内心深处相信自己有能力应对和承受挑战。这就是为自己赋能：直面生活中的挑战，坦然接受，并勇敢回应。

我们可以把练习承受视为"疫苗"，接种之后就可以自如地应对今后会出现的种种不适。困境仍然会困扰你，但你会以更坦然的自信度过危机，而不会一蹶不振。之前承受的一切是如何让你更加强大的呢？

你可以集中精力让快乐最大化，拒绝面对任何痛苦。但你也可以承认人生苦乐参半，如果能勤于练习、积累智慧，遇到困难就能沉着应对，乘风破浪，这时的你一定已经具备了逆转困境的能力。

所以，在局面还算轻松的时候就开始准备，不要等栽跟头之后才学到教训。从现在开始就主动地养成自律的习惯吧。这不是一个小小的改变，它会让你对自己和生活的态度发生巨大的改变。道理很浅显：多给自己找麻烦，让自己有机会变得更强大。

以下是从古罗马皇帝和哲学家马可·奥勒留（Marcus Aurelius）的《沉思录》（*Meditations*）中摘录的段落，说的是如果向不适的境遇妥协、放弃为达成人生目标采取进一步行动，我们会失去什么：

　　早晨当你不情愿地起床时，告诉自己：我正起来去工作——作为一个人去工作。如果我是要去做我因此而存在，因此而被带入这一世界的工作，那么我有什么不满意呢？难道我是为了躲在温暖的被子里睡眠而生的吗？

——但这是较愉快的。

——那你的存在是为了获取快乐，而不是为了行动和尽力吗？你没有看到小小的植物、小鸟、蚂蚁、蜘蛛、蜜蜂都在一起工作，从而有条不紊地尽它们在宇宙中的职分吗？你不愿作为一个人去工作，做那合乎你本性的事吗？

——但休息也是必要的。

——休息是必要的，但自然也为这确定了界限，正如它为吃喝规定了界限，但你还是越过了这些限制，超出了足够的范围；而你的行动却不是这样，在还没有做你能做的之前就停止了。所以你不爱你自己，因为，如果你爱，你就将爱你的本性及其意志。那些热爱他们各自的技艺的人都在工作中忙得筋疲力尽，他们没有洗浴，没有食物。[1]

通才就是马可·奥勒留所说的"热爱他们各自的技艺"的人，这样的人愿意忍受不适的处境，从长远角度看，这样做有助于他们实现目标，并过上充实的生活。

画重点

- 通才所储备的知识可能各不相同，但成为通才的核心要义非常相似。他们具备驱动力、好奇心和开放的思维与心态，而这些都是成为 π 形或梳子形人才（不仅仅是 T 形人才）所必备的特质。你能想象莱奥纳多·达·芬奇面对不熟悉的问题时会说出"等着别人来解决吧，我先睡个午觉"这样的话吗？不太可能吧！

- 通才首先具备的心理素质是极强的适应能力与开放的心态。无论面对什么阻碍，通才都能克服或者智取，问题总可以得到解决。你必须灵活思考、博采众长，

---

① 译文来源：［古罗马］马可·奥勒留著，《沉思录》，北京：中央编译出版社，2008：56.

不拘泥于常规和个人习惯。你还必须开放地采纳新视角，对不熟悉和新鲜的事物也要保持好奇。想象一下，谁是观察牛乳房的第一人，他又是怎么想到人应该喝牛乳的。

- 第二，通才用做实验的心态生活。这不是说通才一直在做传统意义上的科学实验，而是说他们会应用科学的方法去分析和探究自己所经历的一切。他们充满安全感地做实验，就是为了获得新信息，满足自己的好奇心。他们几乎无法不让自己"实验"人生。

- 第三，通才具有初学者心态，这比专家心态有益得多。当你还是个初学者的时候，你的问题是答案的 10 倍多。这是好事，因为你会倾听和提问，求索得更深入。专家很容易掉入自以为博学的陷阱，并由此产生很多盲点。初学者心态需要与批判性思考相结合，这样才能提出更有价值的问题。

- 第四，通才对自己有信念。无论是正确的认知还是妄念，他们都相信自己可以达成目标。在学习方面，很多人最大的敌人就是他们自己。这也指明了问题的本质：所谓信念，关乎自身，关乎行动和实现目标的能力。这就意味着，如果预期合理，产出等于投入。如果一个人不认可自己达成目标的能力，他就无法成功。

- 最后，通才也是坚持不懈的。我们还能如何描述在多个领域积累了深厚知识的人？坚持意味着会不惜一切代价地克服困难和不利的处境。通常，唯一的代价是感到不适而已。通才都极度自律，因为他们深知即使有心、有兴趣，从零开始做一件事仍然困难重重，而且会陷入困惑。但这就是人生。泰然面对不自在的处境是一种能力，这会让你不遗余力地克服困难，通往下一个目标。

第三章　从菜鸟到专家的 10 步法

看到这里，成为通才所能带来的好处应该已经无须赘述。是时候把注意力转向"如何"成为通才了。你如何学习自己选择的技能？你如何使自己彻底沉浸在一门新知识中？你如何拓展自己的眼界，然后跨出成为通才的第一步？

　　首先，我们将探索四个基础步骤，这些步骤会帮助我们发掘新的关注点，为掌握有用的知识和技能做好准备：（1）拓宽视野；（2）缩小范围；（3）定义成功；（4）汇总资源。完成这四步后，我们再进阶到后面的五个步骤，将我们发掘到的关注点和资源整合起来，设计出一系列能让我们更高效学习的课程。最后，我们会学习能保证我们更深入了解每一个主题的四步笔记法。

第一步：拓宽视野

重要的第一步是钻研所选兴趣的基本面。在启动之前，我们需要学习一些这个兴趣的入门知识，我们期待可以从中得到启发。这样做主要是为了设定兴趣的范围和学习深度。这个主题之下还有很多细分方向吗？在掌握这个主题之前，我们需要了解的最本质细节是什么，需要做哪些准备？我们真正想学的专题和我们的选择究竟是否一致？这个主题或技能到底涉及哪些内容？

定位自己的兴趣

现阶段还不需要深入钻研我们选择的兴趣，只需要熟悉一下打算学习的内容。举个例子，比如说你想学编程。上手之前，需要先梳理一下学习编程需要具备哪些知识，有哪些学习方法，不同的编程语言有什么区别，如何才能学习各种代码系统和应用的更多知识，等等。在这个过程中，你很可能会发现自己选择的兴趣（比如这个例子里的编程）涵盖面太广，而自己其实只对某种特定的编程语言（比如 C++、Python 或其他）感兴趣。

下一步就是缩小范围。但在此之前必须对特定主题有足够的了解，以便清晰地辨清主次，为自己找出更精确的探索范围。

三个重要的问题

那么到底如何才能对自己的兴趣领域有整体的了解呢？是时候展开一些细节了。你需要问三个问题：（1）这个兴趣是关于什么的？（2）这个主题涵盖面有多广？（3）学习这个新兴趣适合从哪里入门？

关于第一个问题，必须确定如何着手学习我们选择的主题。这个主题对新手来说是花几个小时就能掌握的，还是像核物理那样比较复杂、没经过特定训练就难以掌握的？有多少文献资料是专门讨论这个主题的？需要学习多少东西才能充分理解这个主题？

进阶到第二个问题之前，我们需要先回答第一个问题，而这又会引出第三个问题，即如何才能缩小主题范围，从而使自己有所精通。很多时候，如果一开始选择的是像编程这

样的大主题，我们很快就会发现自己只对其中的一小部分感
兴趣。我们需要想清楚，自己到底要学哪部分内容。

关于我们所选的主题，我们首先要理清自己知道什么，
不知道什么。这对思考这个主题的覆盖面和细分方向等来说
必不可少。在下面的步骤中，我们会逐步确定自己想学的
内容。

如果你正在烦恼如何将兴趣缩小到和自己切实相关的范
围内，那么接下来的几个小贴士也许对你有帮助。首先，互
联网是个无价的数据库，其中网罗了所有主题的各种资料。
从维基百科到个人博客、线上书籍，它们各自以独特的方式
为我们提供了独特的视角。不需要太投入地阅读每一个细节，
只要粗略浏览就可以形成基础的认识。在这个过程中，你只
需要自问上面提到的三个问题，就可以为如何学习所选的主
题打下初步的基础。此时不需要深究，只需要博览。

下面这个例子可以进一步帮助你。我选择的方向是文艺
复兴时期的艺术。我会在搜索网站中粗略地搜索一下，了解

一下它大概是什么。请记住，现阶段的目标只是让自己对这个主题有一些基本的了解。

　　首先，我想找出对文艺复兴时期艺术的最佳定义，其中包括哪些艺术类型等。

　　肯定有关于文艺复兴时期艺术的维基词条，很适合在这时候点开浏览。这些页面会提供充足的细节详尽地介绍这个主题。即使页面上的信息非常简短，你也至少能了解相关概况。在很多情况下，通读相关词条的维基页面就足以概览一个专题。

　　除了维基百科，我还会粗略地浏览其他搜索结果，这可以帮助我观察持不同观点、具有不同背景的人会如何讨论文艺复兴时期的艺术。如果我仍然不满足于这些搜索结果所提供的信息，我还会上亚马逊搜索相关书籍，从相关条目中获得一些资料。亚马逊和谷歌图书都会提供预览，让读者在下单之前就可以读到部分内容。

在完成第一步的过程中，你会发现自己对所选的主题中的一些内容并不感兴趣，也会发现一些对自己更有用的方向。这就会把我们带向第二步。

第二步：缩小范围

第二步旨在划定所选主题的范围。首先，我们选择了一个较为宽泛的主题，然后尝试根据我们真正想学的东西来组织内容。完成了第一步之后，我们就选定了后续想要专注的特定分支。第二步会帮助我们为这个细化之后的分支主题划定范围。简单地说，我们从一个大主题入手，然后把它分解成一个个小部分，然后从中选出我们最感兴趣的。

再次以上文中用过的编程为例，我们把编程细化成具体的编程语言，然后选定一种或几种语言进行学习。我们可能学不完所有的编程语言，但是专注于一两门语言，就更有可能成功。

分解大主题

面对任务时，把大目标分解成小目标再逐个击破，效果通常会更好。这里我们要采取同样的策略。分支主题和大主题一样，通常还是很庞杂的。比如我们选择的大主题是物理，然后细分成了核物理、原子物理学、经典物理学等，要掌握这里面的任何一门都需要投入毕生的精力。

我们的目标是划出合理的范围，其中的知识我们花几周或者一个月就能掌握。我们当然可以选择像原子物理学这样宏大的课题，然后将其分解成几个重要的子领域，再依次学习。但是如果想要更成功，我们需要更实际、更理性地考量学习原子物理学的必要性。

人们在尝试学习新事物之前，往往完全不会考虑学习范围。他们既不会仔细掂量所选学科的深度，也不会针对学习目标制订时间计划。结果就是，他们从未达成自己的目标。我将助你划定合适的范围，这样你就能在合理的时间期限内达成既定的目标。这段时间也需要细致地进行规划，让你能最大限度地专注于完成任务。

理论结合实践

现在来看看理论如何结合实践。回溯上文举过的文艺复兴时期艺术的例子，我选定了三个细分领域。分法可能和学者划分子学科不同，我是自己通过研究，分出了探索文艺复兴时期艺术的三个方向：艺术家、特定国家的艺术运动，以及不同的艺术运动是如何相互融合的。

再次强调，你必须根据自己的思路分解主题。围绕着自己的专属目标组织信息，而不是套用别人的模板。完全没必要追求完美。对所选主题越来越熟稔之后，你就能学会别人为达成同样的目标所使用的技术，从而更好地分类信息。

限定探索范围主要是为了避免信息过载。本步骤的任务就是划出掌握所选主题所必须学习的内容。我们最开始会从一个比较宽泛的主题开始探索，比如文艺复兴时期的艺术，现在我们已经选定了想要学习的特定门类：意大利文艺复兴时期的艺术。

第三步：定义成功

人生中的重要一课是，如果不知道自己将走向何方，你就可能会无处可归。想要成功，就必须先定义成功。这就是为什么第三步学习的是如何定义成功。在这一步中，我们需要为"成功"制定客观、可量化的标准，这样就可以根据数据指标来了解自己是否实现了目标，并衡量自己对感兴趣的主题的掌握程度。

定义和衡量成功

想要高效地完成这一步，就需要考虑清楚自己到底为什么要选择这个主题；是否有一项特定的任务或功能，你希望通过学习这个主题来完成？比如你想学数码摄影，目标就可能是"我要学习拍出专业的肖像，学会使用手动模式，还要适时使用闪光灯"。

学习数码摄影的目标与学会用手动模式和善用闪光灯的衡量标准都设置得很合理。完全掌握数码摄影可能需要学习好几个分支。审视你的学习动机，通过学习来达成目标会让你很有满足感。关键在于设定明确的目标，然后根据确定的标准来衡量任务的完成度。理想状况下，你的目标应该是学习一些有实际意义的东西，因为新技能能够强化整个学习过程，使你更轻松地记住新知识。

示例

　　具体展示一下如何定义成功。在上文的例子中，我立志学习文艺复兴时期艺术的相关内容。然后我缩小了范围，最终选择从意大利文艺复兴时期的艺术入手。我将确立学习这方面内容的意义，以及达成目标的标准。我会采用以下句式，划线空白处待填入内容：当＿＿＿＿＿＿时（之后），我就学会了＿＿＿＿＿＿。

　　我给自己定下标准：当我能在佛罗伦萨的乌菲齐博物馆作为向导讲解每一件作品时，我就学会了意大利文艺复兴时期的艺术；或者当我报名参加关于意大利文艺复兴时期艺术的线上课程之后，不上一节课仍能在期末考试中拿到"A"，我也学会了意大利文艺复兴时期的艺术。或者还有一个选择，那就是当我连续通读 5 个关于意大利文艺复兴时期艺术的维基页面时不用查任何新词时，我就学会了意大利文艺复兴时期的艺术。

现在我对自己最终的学习目标和实现过程有了基本认识，可以按照这条路径从头开始实践，进而达成目标了。第三步旨在清晰地制订出完成任务的步骤，然后根据这些步骤确定我们具体想学的内容。

第四步：汇总资源

请允许我指出很多人错误的学习路径。很惭愧，我自己也犯过这样的错误，那就是去附近的一家书店或者上亚马逊找一本相关主题的书，然后从头到尾逐页阅读。但任何一本书都不可能囊括关于一个主题的多样视角，所以这不是一种理想的学习方法。

上学时，你写读书报告会只引用一条文献吗？你的老师对这篇报告评价如何？很可能只能得到"F"，因为只引用一处资料的文章只摘取了一方的观点。然而，我们在职业生涯中仍然会轻信单一来源的内容。为了帮助你避免这个错误，第四步我们来讨论如何找到资源。

以正确的方式汇总资料

在这一步中，我们需要汇总关于这个主题的所有资料，先不进行筛选。如今有丰富多样的信息媒介供人选择，所以先多汇总一些资料是可取的，这可以帮你跳出思维定式。可能有人觉得，书籍是最有效的材料。你可以上亚马逊找一些合适的书籍，但也可以考虑一下博客、线上课程等其他内容载体。

还有其他收集信息的途径。你的朋友或熟人可能对你选择的主题比较熟悉，也可以根据自己的兴趣向某位专家寻求建议；还可以收听播客，翻看杂志。这只是你可以用来收集资料的几种方法，这一步的目标仅仅在于搜寻资料。鉴于你并不想收集一堆最后才发现用不到的资料，所以简单地进行筛选也是可行的。不过，这一步的首要任务是尽可能多地收集日后可供调取的好素材。

为了更好地说明，我将以自己收集意大利文艺复兴时期艺术的资料为例。我选择从亚马逊开始，因为书籍通常能为我们提供学习某个主题所需的信息。对意大利文艺复兴时期的艺术进行常规搜索之后，我会分析一下搜得的条目。在这次尝试中，我首先发现了几本书，但是除了一本价格高得离谱的绝版书之外，没有一本书能告诉我意大利文艺复兴时期的艺术是如何形成的。

在亚马逊上搜索之后，我转向了谷歌，这是另一个可以为我们提供意大利文艺复兴时期艺术资料的数据库。能搜出一大堆资料条目，还有一些相关课程。评估了现有的选择之后，我建了一个"意大利文艺复兴时期艺术"的收藏夹，专门存放相关链接。我并没有点开这些链接深入研读内容，而仅仅是一股脑儿地根据这些资料的有用程度来选择收集。

换句话说，我只是在尽可能多地搜寻相关资源。根据用谷歌搜出来的结果，我在脸谱网和推特上找到了几位历史学家以及若干研究组织，或许某天会向这些人或组织寻求指导。我也许会向他们请教学习某个专题的方法。如果在学习这个主题的过程中遇到困难，也可以向他们寻求帮助。

第五步：创建课程表

经过上述四步之后，你已经从一个宽泛的主题开始，把兴趣缩小到合理的范围内，也设定好了过关的标准。你已经汇总了一些资源来帮助自己达成这一目标。第五步要教的就是创建学习计划。它和列学习提纲差不多。要完成这一步，你需要列出所选学科的子学科，再将其细化为更小的部分。

模块在学习计划中的作用

为了方便和清晰指代，我们把细分的区块称为"模块"。这些模块要么是你所聚焦的范围里的特定子主题，要么是按照学习步骤的框架划分出来的。你需要在学习计划中明确所要学习的子主题（比如把意大利文艺复兴时期的艺术作为大类），以及学习各个子主题的顺序。

要想高效地规划这一步，你可以分析之前选好的图书、视频或博客的目录，它们会告诉你别人是如何分解主题的。你可以借用同样的框架，甚至可以开始观察不同的分类结构是如何趋同和产生交集的。试试这样练习吧：看看是否有 10

位不同的作者都按照同样的框架分类你所选的主题。如果是这样的话，那你也应该参考这个框架。

到了这步的最后，你应该已经整理出一系列模块，亟待合理归类。这些模块都必须是你需要学习的核心内容。对于上述 10 位作者，你也可以观察一下较少被提及的方向，在这些冷门方向上稍花费些精力也是可以的。

第六步：筛选，筛选，筛选

任何一个主题都有丰富的资料，但是我们并没有时间将它们全部吸收。想要遍览每一本书、每一篇博文或者任何关于该主题的文章，都注定会失败。所以我们来到了第六步：筛选资源。这一步的首要目标就是精简找到的资料，保留下最需要的内容，避免让自己淹没在资料的海洋中。

因为我们在第四步中完全没有筛选资料，并没有遗漏掉任何好资源，因而可以最大化我们的潜能，制定出最佳的学习指南。明确自己想学的主题，建立学习计划，这对筛选资料来说至关重要。这一步也可以帮你节省开支，因为你不需要从亚马逊上买 10 本不同的书来学习同一个主题，只需要从中选出一两本最值得阅读的书籍。

根据我们学习计划中的模块设置，我们有时需要阅读整本书，有时只需查阅部分章节就能完成学习任务。这一步中最重要的环节是仔细、高效地浏览资料，从中挑选出最佳的学习材料。理想状况下，选出的资料越少，学习就越高效。

选择最佳资料

让我们暂时把意大利文艺复兴时期的艺术放在一边。

假设我想学习哲学，并已经搜集整理出了一份资料清单来帮助自己完成任务。不过我在亚马逊上找到的哲学书与我学习哲学的主要目标无关。这没什么问题，毕竟我也收集到了博文或者媒体文章作为资料。我还搜到了几门线上哲学课和教学大纲，我现在将分析这些资料，从中筛选出最好的。

我不需要遍览所有资料，只要在看上去最适合我的材料中做出选择就行。请记住，我们当前的目标是高效地组织这些材料，从而筛选出其中最佳的几份，避免购买太多不必要的学习资料。没找到什么书，正好极大地减轻了筛选负担。虽然我们可以求助于线上课程或教学大纲，我还是想利用已有资料，通过谷歌搜索发现更多材料。

　　我想学的一个哲学问题是如何构建论证。我把搜索关键词粗略地设成"构建合乎逻辑的论证"，然后搜出一些相关文章。虽然此时不应该再给自己增加新的参考资料，但稍微延伸一下也无妨，因为只要继续学习总会发现新的材料。我现在的目标是整理出一套核心的学习资料。我几乎可以确定会保留一长串关于辩论和哲学的教程，也会保留之前读过的一些文章。

　　我的直觉让我坚信，利用搜集到的教程和读过的文章，我已经有足够的资料来充分地学习哲学论证。如果你的资料清单中还包括书籍，那你还需要再花一些功夫来选出最适合你的书。我还打算联系几位大学时主修哲学的朋友，并在社交媒体上关注几位当代哲学家。他们的建议会令我受益。

这一步的另一个关键点在于，哪怕你的资料清单涵盖面很广并已经缩减到最精华的部分，比如几本参考书，这并不意味着你必须逐页阅读它们的全部内容。只阅读和所学主题相关的章节就可以。筛选的目的在于利用资料学习特定的主题，而不是一字不落地阅读所有收集到的信息。

通读每一份材料并不比有选择地学习更有效。事实上，前者会严重拖慢学习进度。在整个过程中，时间是一个重要的考虑因素，所以我们应严格根据模块精准选取相关的信息。

第七步：沉浸

接下去的第七到第十步，是我们需要应用在所有学习模块中的。我们要理解这些步骤，把它们应用到每个模块中，直到完成整个学习计划。

第七步需要你充分熟悉所选的主题或模块，并进行泛读。对初学者来说，这就意味着不管你要学哪个模块，在更深入地学习之前你需要先形成基本的认识。

假设你想学哲学论证，就需要掌握三段论，掌握从前提到结论的推导，这些都是论证的基本组成部分。这一步的关键是不要学得太具体。既然所有的学习都以自学为主，所以下一步的目的就是让我们能更自由地规划学习。

综上，这一步的目标仅仅是对特定的模块形成基础的了解，由此才能在下一步中自主探索。这一步只需要稍稍带过，自然过渡到下一步即可。

展示第七步的实际操作

我将以自己制订的哲学学习计划中的第一个模块来展示这一步。这个模块学的是如何构建起逻辑自洽的论证。我最关注的是一个合理论证的基本组成。我目前只要找到足够的信息，了解一个站得住脚的论证由什么组成，以及构建合理论证的不同途径。了解这些基本信息之后，我将找出自己最喜欢的论证方法。

一开始我还是会以"哲学论证"为关键词进行搜索。我肯定将再次看到之前搜到过的教程，我会浏览其中的一部分。

我会对比不同的教程和构建合理论证的不同方式，并尝试理解别人选择某种论证方法的理由。

这一步所附带的问题就是："从哪儿开始？"它指向学习论证的最佳出发点——学会论证正是我们的学习目标。绝大多数教程会概述如何更好地论证，这些要点每个人都能掌握。现阶段我们参考的这些资源都是免费的，但这并不有损它们本身的学习价值。

这些教程会列出一些基本概念，我们可以借助这些信息来熟悉何为论证。在这个过程中，我会一边浏览一边记录下和我的模块最相关的概念。

我也将快速浏览我汇总的其他资料，比较不同的人推荐的入门路径。然后我会联系几位熟悉这个主题的朋友或熟人。我会向他们咨询：你们学的是哪种论证方法？采用最简单的学习方法，我能掌握到什么程度？

这一步的目标仅仅是了解与哲学论证相关的一些入门概

念，为下一步做好准备。到目前为止，我还没有具体学习如何构建有效的论证。我只需要知道有说服力的论证是由什么组成的，这样在下一步中就可以直接探索几种不同的方法了。

第八步：探索

上文已经提及，这一步主要是自主探索。第八步可以被亲切地称为"东尝西试"。这一步并不用达成任何特定的目标，而是根据自己的直觉进行探索。当然探索也不完全是漫无目的的，还要与选定的模块相关。

如果你的模块关注的是技术导向的主题，那么这一步可能不难完成，因为你只要试试几款软件就行。如果还涉及软件的使用原理或编程，那么你的目标就是熟悉不同的工具，理解它们都是如何发挥功能的。

如果你的目标不是那么具有实操性，而是像历史或哲学这样更具理论性的门类，那么这一步的目标就是仔细考量，找出自己真正想学的方向，设想这些概念和过程是如何自证的，再探索最佳的学习方法。

为什么要东尝西试？

这一步的主要目标是激活我们的思维，针对选定的模块问对问题。提出的问题就是这一步的重要成果。我们在下一步中会具体地学习各模块的内容，到时将尝试回答这些问题。

你的大脑更善于记住以问答形式保留的信息，而不是平铺直叙的文本或数据。这也是为什么我们在上一步中只收集关于模块的最基本信息，因为我们不想在没有提出合适的问题之前就开始学习。

这也使得第八步对整个学习计划来说至关重要。话虽如此，这一步还是旨在"东尝西试"。搭建问题框架的时候不必怀揣特定的目标。这一步就是让你多自由探索，直到大脑提出针对选定模块的问题。

以学习论证为例

到目前为止，我要试着使用一些前面那步里学到的哲学论证的基本概念。这些概念都是按照出现在资料库中的频率筛选出来的。

正如前面概述的，我需要根据已经获得的基础知识，就如何构建有效的论证形成一些可检验的假设。理想状态下，我对所选主题进行过充分思考之后，应该产生了一些问题，而这些问题可以在汇总好的文章和教程中找到答案。

在上一步中，我已经知道构成有效论证的两部分——前提和结论分别是什么。现在我的目标是组合这些元素，形成一个自洽的论点。乍看之下好像没什么难度。我已经有了一套关于某个主题的前提或假设，接着要据此推导出结论。

探索模块的三条途径

比如，假设我的前提是现在天空多云，而且天气预报说今天会下雨。那么，根据多云所暗示的下雨概率和天气预报系统给出的预测，我得出的结论肯定就是今天会下雨。这从直觉上说是讲得通的，但不确定这个论证的结构是否有效。

不过，因为已经尝试了很多关于前提和结论的概念，所以我能构建不同形式的论证。那么自然而然会产生一个问题：为什么某种论证是有效的，而另一种不是？我们应该能在某篇文章或某个教程中找到答案。

尝试运用这些概念的另一种方法是从一个给定的结论中倒推出前提。再以同一个假设为例，假设今天会下雨，那么哪些前提和信息能确保这个结论正确？可以是天气预报说有雨，或者现在天气多云，也可以是每年这个时候都会下雨，等等。虽然看上去还是不证自明，但是和上一种论证相比，这个论证完全是以不同的结构组织起来的。那么，如果两种论证中只有一个合理，那会是哪个？

正如上文所展示的，我只是在探索用不同的方式来组织前提和结论，以此来构建有效论证。另一种途径就是通过几个前提推导出结论，再把这个结论作为前提推导出第二个结论。

所以我已经根据几个前提推导出今天会下雨，我也可以根据这个结论推导出下一个结论，比如我可能不得不取消今天的计划。我自己所不知道的是，其实这三种论证途径都是有效的。那么在下一步中，当我真正开始学习构建论证的有效途径时，我就更容易理解，因为我已经自行探索过好几种。

这个东尝西试的阶段会引导我们提出一些问题，比如哪种论证方式是有效的，组织前提和结论的最佳方式是什么，等等。我们需要在试验和尝试的过程中自然而然地提出这些问题，这一点怎么强调都不为过。而这也再次说明，你只需要了解基本概念就可以开始探索，你很快就会在这个过程中提出问题。

第九步：厘清

走到这一步，你已经获得了不少关于相应模块的基本信息，也自主地开展了不少试验。这一步将进阶到具体的学习。在学到足够的知识之前，我们需要充分掌握与模块相关的信息，从而可以切实地利用它们。

这一步还将回答你在之前那步中提出的问题。如果你之前在探索和尝试中用到了一些技术工具或软件，那么你很可能会遇到很多问题，因为你还没有寻求他人的指导。

在这一步中，哪怕不能答全所有问题，也要尝试回答出其中的几个。为此你需要重看更早前收集到的不同资料，先利用这些资源来回答自己提出的所有问题，再获取尽可能多的知识。持续这个过程，直到相信自己已经足够了解该模块。

平衡理论和实践

这一步中比较建议你在学习新事物的同时多多实践，以此巩固学到的新知识。以我的经验，尤其在学习与技术相关的知识时，实践是获取新知的必要途径。

将学习和实际应用结合起来时，我的效率最高。当然这种学习方式与你所学的门类高度相关。找到应用新知识的途径，可以检验所学的理论。这自然而然将帮助你提高技能，提升学习效率。

回答自己的问题

在这一节中，我将通过构建逻辑自洽的有效论证来实践这一步。首先，我会重温之前收集到的所有资源。也许你还记得我在上一步中提到的两个基本概念：前提和结论。我在不知道哪种论证有效的条件下构建起了论证。在重新翻阅材料的过程中，我努力理解哪些论证方式才是真的合理，也分析了不同论证方式的优劣。

这就回到了我的第一个实验，即采用了一些前提，从中推导出一个结论。这种方法被称为演绎推理，是一种最可靠的论证方式。于是我重新埋头于资料之中，巩固对它的理解，尽己所能地学会正确的演绎论证。

值得牢记的是，我的首要目标是学会在日常对话中轻松并高效地构建出有效的论证。如果我不能自如地使用演绎法，学习它的理由也就不复存在了。

正如你观察到的，我靠自己想出了演绎法，后来才发现它确实是一种有效的论证方式。这个过程通常会帮助你通过自主试验或试错来学习新知识。

在这一步中，我竭力学习演绎法，也搜索了相关信息。在演绎法这个模块中，我学习了用不同的方式来组织前提和结论。通过这个过程，我现在已经能从任何给定的数据库中推导出合乎逻辑的结论。比如大家告诉我这个人诚实且信守诺言，那我可以推论出，这个人很可能值得信赖。

在这一步，我所做的是探索所有论证方式，尽可能多地学习有关演绎推理的知识，理解如何构建有效的论证。显然我还没有完全掌握演绎推理。我尚未构建出任何复杂的论证，但我正在通过学习不断精进，因为我已经成功掌握了基本的学习方法。

前文也提过，这个过程会因为所学模块和主题的性质而有很大的不同。然而，需要谨记的是，要努力将所学知识运用到实践中去，通过实践来巩固所学的一切，直至你认为自己真正掌握了这个模块。

第十步：教学

现在，我们来到了学习过程的最后一步，也是最重要的一步。根据我自己的经验，这一步最容易被忽略。如果你正好读到这一步，那我恳求你继续读下去，因为这一步肯定对你的学习大有裨益，它的重要性怎么强调都不为过。这一步，你需要去教别人。也就是说，第十步的主要目的在于总结我们已经获得的知识，并将它们传授给别人。

你可以采用不同的教学方式。教学并不意味着你需要录制和剪辑一系列视频或者撰写博文。你可以简单地和别人交谈，向他们讲述你学到的东西。你可以和自己的伴侣、朋友或者熟人交换看法。关键在于汇集之前收集到的所有信息，用尽可能简洁的语言表达出来，使完全不熟悉这个主题的听者也能掌握。

这一步要求你的大脑从实际应用的角度来组织所学到的知识。在重新组织并把所有信息传递给他人的过程中，你会不可避免地发现自己的理解中还存在断层，这就会迫使你重新学习收集到的资料，填补缺失的环节。这也是第十步的要义所在。它会进一步加深你对知识的理解，因为理解到位与能够教给别人，是完全不同的。

教学方法

这里有几个建议。第一个建议是为你所选的大主题做一个讲解视频，或是做一个展板或者写一篇博文。如果这些形式你都不喜欢，那也可以仅仅把学会的东西写出来，分章节或用其他形式编排。

或者就如上文提到的，你可以简单地与人交谈。不论采用什么方式，关键是不要忽略这一步，因为教学能让你巩固所学的一切。在这个过程中，你的大脑必须接纳关于所选主题的新颖视角，并且以更有助于记忆和高效使用的方式表达出来。在教授一个特定的主题之前，你可能还理解得不够到位。但是只要教过别人，你就会理解得更加透彻。

总结

我们需要在每个模块的学习中重复第七到第十步，直到完全掌握它们。为了节省不断翻到前面去查看具体步骤的时间，这里教大家一个记住所有步骤的简单技巧。首先，汇总基本信息，进入某个模块，试验和探索已有的想法，然后具体地学一些内容，最后把我们学到的新知识教给他人。完整的口诀就是"学、试、学、教"。只要在学习大纲的每一个模块重复这一口诀就行。

在教学之前，学习、尝试和具体学习的循环也可以多重复几次。对一些内容更庞杂、包含很多有趣角度的模块来说，这种方法很值得尝试。进阶到下一模块之前，多学一会儿是完全可以接受的。一旦觉得自己掌握了足够的知识，那就利用这些信息自主地探索，在寻觅合适的应用之法和尝试回答自己提出的问题的过程中，你可以学到更多的知识。

这个学习过程的特别之处在于，你是在用自己的好奇心来驱动学习。这也解释了为什么我们在入门时学得很起劲，因为我们的好奇心被激发出来，鼓励着我们持久地学下去。这还解释了为什么我们要做试验并提出自己的问题。最后也就不难理解为什么我们要回过头来研究这些问题，尝试回答它们——因为我们要满足自己的好奇心。

切勿忘记最后一步：教学。如果你真的希望自己能深入掌握某个主题，以及如果你真的想检验所学并进一步加强掌握，教学至关重要。

笔记的力量

接下来要介绍的方法结合了我在一个学习体系中发现的最佳方法，这个体系是我认为最有效的学习法。笔记是每一步的核心，因为它会成为你的第二个大脑，你可以随时从中调取资料、组织信息和进行回顾。

我推荐四步笔记法，这将引导你更深入地理解所学的主题。我的方法比普通的记笔记麻烦一些，但也因此更加有效。（本书不提供任何捷径，只分享更聪明的学习方法。）

我不会简要、被动地记笔记，而是会突出所学主题的重点，用自己的语言抓取显著的信息要点。这会让我以更可靠和更系统的方式来处理所掌握的信息，并在此基础上进行延伸，从而使得学习和保存信息变得无限轻松。

这种笔记法有以下四个步骤：（1）按照常规方法记笔记，记录下尽可能多的细节；（2）用自己的话总结信息，厘清重点，提出问题；（3）把记下来的信息与整个大主题联系起来；（4）回答余下的问题，然后再次总结每一页或每一章节中的笔记。

我的方法中的第一步是按照你平时记笔记的方法记笔记。翻阅材料时把所需的信息记录下来，**但是在每一条笔记下面留两行空行。**

这些空行给第二步和第三步中的处理和分析信息留出了空间。为了尽可能多地保留信息，最好在上完课、看过视频或结束阅读之后马上用后面几步处理笔记。所以，第一步只要像平时那样，尽可能记得详细一些。

比如你在研究亨利八世的食谱，你可能会写下（以下都是为了展示这一步而编造的信息）："亨利国王的整个宫廷每一餐要吃掉 20 多种不同的肉类。当时，菜上少了会被认为是对贵族的侮辱。蔬菜和酒也会供应，但重点还是肉，因为它是财富和地位的象征。"

第二步：记完初步的笔记之后，下一步就进入了我真正有别于其他人的笔记步骤。这一步从每条笔记下面专门留出的第二行开始，用一句完整的句子把第一步中的笔记总结出来。务必注意不要仅是重复原始的笔记，哪怕本来记录下的就是一句完整的句子。用自己的语言转译笔记，这非常有助于你理解内容的含义。理想状况下，你能提炼出更深层的理解。真正设法在信息之间找出关联，建立联系。

这可能并不适用于所有的信息，但还是得这么做。为什么呢？因为虽然它看起来是多余的，但这种重复能帮助我们巩固对所学知识的记忆。之所以强调用自己的语言、用完整连贯的句子来重复这些知识，都是为了让你进一步处理信息、细思其中的意义，然后把这些要点深深地植根在脑海中。

以上文提到的亨利八世的食谱为例，如果要改写这条信息，也许可以这样组织："亨利八世的食谱主要由肉组成。当时，富裕的贵族都想吃到各种不同的肉食，肉菜太少会令人蒙羞。酒和蔬菜不那么重要。"

在空出的第二行中，你可以对第一步的笔记提出任何问题。这些问题都是后面需要厘清的要点，或者是你理解中的断层，也就是要全面理解所学内容而必须解答的困惑。开始第三步之前，请仔细思索一下这些信息可能引导到哪些方向，分别意味着什么。不管能不能回答，都请更深入地思考所学的主题，提出问题，用这些问题帮助记忆。

看到亨利八世的食谱，你可能有疑问："摄入这么多富含蛋白质的食物会对健康造成什么影响？"抑或是"一餐都是由多少人吃完的，他们怎么吃完的？"又或是"不同于贵族，当时的农民平日里都吃些什么？"还可以问："同时期其他文化或国家中享有较高地位的贵族吃些什么？"

用荧光笔或不同颜色的钢笔、铅笔来突出标记这一步记下的内容，这些都是你从第一步的头脑风暴中实打实提取到的信息。实际上，在后面的学习中，你不太可能去回看第一步中最原始的笔记。

第三步：从上面的笔记中找出和所学大主题之间的关联，记在第三行（也就是最后一行空白行）中。如果有留意到信息之间的因果关系，请记录在此处。

如果这条新信息还帮助你理解了推动主题发展的因素，或者联系起了很多事件，抑或是让你推敲出别人的视角或看法，请把这些都记录下来。任何可以形成关联的信息都可以记录在这里，如此一来，这些关联就会连同原始笔记一起，牢牢地保留在你的记忆库中。

这里的经验法则是，只需要关注信息是如何关联起来的，以及它为什么重要。以上文中亨利八世的食谱为例，假设最终要探究的是亨利八世的生平与遗产，那么他的食谱和饮食习惯与此又有什么关系？我们为什么要关注他的食谱？

你也许会在解答这个问题的过程中关注到，王室与农民的饮食有着天壤之别，后者可能主要吃水果、蔬菜和自己亲自耕种的谷物。这也许会让平民越来越憎恨国王，并最终处决亨利八世。你也许还发现，是这些奢华的盛宴让亨利八世胖出了名。你还可能留意到，这样的挥霍也昭示了当时的社会现实：贵族们已经豪奢到了荒谬的地步。这也可能只是佐证亨利八世富甲天下的一桩趣闻逸事。

找出这些信息与整个叙述或故事的关联，将信息视为活生生的动因，而非干巴巴的事实。

第四步：我的笔记法的最后一步是在每一页或每段内容结束后停下来总结第二步和第三步所得到的信息。确保引述第二步中提出的问题，如果这些问题还有用的话。

最后一步为你创造了第四次回顾、综合和转化笔记的机会。大部分人可能只会看一遍笔记，而这种笔记法可以让你从四个不同的角度学习四遍笔记。只是说这种方法有用还不够，其中的心智活动会更长久地确保你真正牢记和理解了所学的事实，也会对相关信息背后隐含的关联印象深刻。这不仅会帮助你掌握信息，还有助于你在必要的时候应用和操控这些信息。

在关于亨利八世食谱的笔记的结尾处，你可以这样写："亨利八世的宫廷每餐都要准备 20 多种不同的肉食。当时，这种饮食非同寻常，因为当时的很多平民甚至都买不起肉，只能吃水果、蔬菜和自己种的谷物果腹。这可能就是亨利八世以及饮食习惯类似的贵族普遍肥胖的原因。我好奇他们如何能得到这么多肉，也疑惑这种吃法还会对健康造成哪些影响。如此挥霍又如何影响了当时的人们对亨利八世的看法？"

如你所见，我的笔记法重视每一笔记录。记笔记不只是在被动地记录信息，而是要让摄取到的信息烙印在我们的脑海中，从而可以随时调取。为了精确且深入地记录下对事物的第一印象，我们一开始就不能毫无章法地随手乱写。这种笔记法会让我们形成更深入、更综合的知识集合，并牢记它们。

画重点

- 我相当肯定，已经不需要再竭力向你解释为什么要成为一名通才。与其纠结于"为什么"要当一名通才，不如着眼于"如何"成为一名通才。你需要拓展自己的思维，从零开始涉猎一个全新的学科或知识领域。这将是一个乏味、令人疲惫和沮丧的过程。但是如果准备妥当，这样的负面感受就会少很多。

- 所以，让我们来看看从头开始学习一个新学科的十个步骤。

其实，每个步骤的名称就已经很好地描述了学习过程本身：

◇ 拓宽视野。
◇ 以想学的知识或技能为核心缩小范围。
◇ 为自己定义成功，从结果往前安排目标，做出逐个击破的计划。

◇ 汇总资源——专注于信息数量。

◇ 根据收集到的资源创建课程和学习方案。

◇ 根据想要达成的目标来筛选和重组已有资源。

◇ 深入信息，沉浸式学习。

◇ 对所学主题的基本面形成初步的认识之后，带着问题去探索、尝试和发掘自己理解力的边界。

◇ 回答上一步中提出的问题，填补知识空白，创建关联。

◇ 把所学的技能或信息教给别人，从而巩固自己的理解。也能以此为镜，找出自己尚不理解的地方。

• 整个过程中有一个未被言明但又无处不在的细节，那就是记笔记。记笔记的目的在于延伸出第二个大脑。你在笔记里记录下自己的发现，关联起不同的信息，进行回顾和整合。经过适当的组织和优化，笔记本身就可能勾勒出一套新信息或技能的框架。但这是极其理想的状况。因此，我介绍了一种特殊的笔记法，让你能够真正统合所有资源。这并不简单，但也正是学习的要义。

- 这套笔记法分四步进行：（1）按照常规方法记笔记，记录下尽可能多的细节；（2）用自己的话来总结信息，厘清重点，提出问题；（3）将特定的信息与整个大主题联系起来；（4）回答余下的问题，然后再次总结每一页或每一部分。

全能学习法

Polymath

第四章　有意识地发现

看到这里，通才与其他聪明人的区别应该已经一目了然，关键不在于技术本身，而在于学习态度。如果你有兴趣拓展自己的技能组合，自然而然就会发问："我到底应该学什么？"

答案很显然：取决于你的目的。

你也许会决定追求多样的技术能力，从而使自己在求职市场上更具竞争力，成为一名更优秀的生意人或企业家，或者二者兼顾。仅仅是提出这个问题，就代表你已经开始转变观点，跳出狭义的工作的定义，打开思路了。

从你欣赏的人那里汲取灵感。在找工作和浏览招聘启事的时候，设想哪些技能会在这些岗位上派上用场。公共演讲能力、批判性思维能力、时间管理和领导能力，或者其他相关的社交技能，都可以助你开启学习之路。

但是，本着文艺复兴人的精神，你也许是真的想要通晓多个领域才立志成为通才的，而不仅仅是着眼于它为特定工作带来的优势。你可能想学得更多，掌握得更全面，只因为生活本身对你来说就极有趣味性，也意义重大。从自己的长处与局限出发，你会获得启发，知道自己这一辈子到底能做成哪些事。

但是，从什么开始做起呢？可以先从评估现有的技能、天赋、个性、成长史和过往的经历开始做起。

你具备哪些别人所不具备的特长？你在哪些方面可以展现出独一无二、别人完全无法复制的自己？哪些观点、理念、兴趣和热情伴随你到现在，无论经历什么都不曾放弃？这些都是极为宝贵的东西，是构建和培养其他技能的基石。

比如在别人的眼里，你的数学思维很强。你擅长"硬"

科学，精通技术，能毫无障碍地理解机械工程原理，对策略性游戏也一点就通。这些都是相当棒的技能，但是这样的你也可能有些"偏科"。换个角度看，你可能疏于锻炼，共情、社交能力较弱，心理状态也不太成熟，可能不太懂艺术，厨艺堪比两岁小孩。人们惯常认为书呆子害羞、瘦弱，这种刻板印象也确实不是凭空而来的。

并不是拥有某些技能的人，一定欠缺与此"对立"的其他技能。事实上，通才的存在就打破了这种迷思，正是通才证明了人们可以在多个领域表现出色。我们上面所举的例子不过是想让大家想象一个符合刻板印象的数学人才：他为了变得更加全面，开始在自己天生擅长的领域之外拓展其他技能。

这需要我们能够成熟地允许自己做一名初学者，有勇气跳出之前的舒适圈，甚至是彻底改变自己。我们例子中的主人公可以选择一个与数学毫不相关的领域。跳交谊舞、画水彩画或阅读荣格的作品，都可以平衡他天生的技能偏向。

当然，这些技能并不是真的"对立"，通才的敏锐就在于能意识到不同的领域其实是相互关联的。固执地坚持学科分野，只不过是因为我们自身认知狭隘。自然界本身没有把自己分成不同的学术领域。"硬"科学和"软"科学在真实世界中无法区别，也无法彻底分开，意识到这一点是不是特别美妙？

也许就是因为这一事实，许多聪颖的科学家会深深迷恋禅宗、梦境、迷幻药物或伟大的诗人，甚至他们本人就是虔诚的教徒。精神层面的追求并不与科学事业上的追求相冲突，相反，它们会互相加持。

类似的，一个文艺天赋较高的人也可以通过学习科学、国际象棋或建模来训练自己的逻辑和数学思维。这并不是说只要参与特定的活动就可以相应地提高能力，而是接触的活动越多，就越有可能更有创意地把不同的领域联系起来。

同样，用什么材料也没那么重要，材料本身的丰富度、多样性和关联性才是关键。与其空想自己能学到多少东西，为什么不调整方向，看看自己能在多大程度上把涉猎过的领域整合在一起？所有伟大的思想家都会用自己的方式设计出一个宏大的"万物理论"。把看起来似乎毫不相干的元素联系起来之后，它们之间的空间就是培育创造力的沃土。太阳底下无新鲜事，但是如何组合现有资源仍然有无限可能！

爱因斯坦和组合游戏

20 世纪最知名的科学家，就以经常匀出时间拉小提琴而闻名（这个故事你也许听多不怪了）！爱因斯坦这么做，就是在组合"硬"学科和"软"学科。

据说爱因斯坦小提琴拉得相当好，就和他弹钢琴一样好。不过虽然爱因斯坦看着只是在业余时间拉琴，但其实他通过音乐在科研和哲学思考上取得了一些突破。据传，他就是在这些留给音乐的时间中灵光一现，想出了著名的公式：$E=mc^2$。

爱因斯坦提出了组合游戏一词，来描述这个无形的过程，他自己正是在最喜欢的业余消遣中想出了颠覆了整个科学界的理论。1945 年，他在给法国数学家雅克·S. 阿达马（Jacques S. Hadamard）的信中这样解释自己的灵感来由：

亲爱的同事：

在这封信中，我将尽量以简短的篇幅回答您的问题。我并不满足于现有的回答，如果您认为我的回复能对您手头这份有趣且充满挑战的研究工作有任何帮助，我将愿意回答更多的问题。

（A）以书面或口头形式存在的文字或语言，在我的思维机制中似乎没有发挥什么作用。那些可以被"有意识地"重塑与组合的特定符号和清晰的图像，似乎才是组成我思考的精神实体。

当然，这些元素与相关的逻辑概念之间存在一定的关联。另外，人们有一种意愿，想要最终推导出逻辑上互相关联的概念。这种意愿显然是摸索着把上述提到的这些元素组合起来的基础动机。但是从心理学的角度看，在用文字或其他能与别人交流的符号描述清楚逻辑关系之前，这种组合游戏是推动想法生成的重要因素。

（B）对我自己而言，上述元素是视觉型的，或者在某种程度上是肌肉型的。当上述组合游戏已经充分建立起来，并且可以随意地进行重塑之时，我们才来到了第二阶段：斟酌选用常规的文字或其他符号将其阐释出来。

（C）可以这么理解，做上述组合游戏，就是为了类比出我们想要探索的某种逻辑关系。

（D）视觉和机体运动。文字全面介入思考之后，对我而言它们完全是听觉上的信息，前面也提到过了，文字是在第二阶段才介入的。

（E）在我看来，您所说的全意识（full consciousness）是一种永远无法达到的极限。这似乎与所谓的意识的狭隘性有关。

　　爱因斯坦似乎相信，沉浸在创造性的联想之中有助于他去追寻逻辑和理性。可能事情确实是这样，也有可能是因为散漫的思考有助于我们以不同的角度来看待问题。这也许和上一章提到的美第奇效应有关，不同学科的融合势必会促进新发现的诞生。

　　组合游戏并不是简单地把你的头脑带入另一个世界进行重组。正如爱因斯坦所做的，在新的背景下把来自不同学科的知识与洞见组合在一起，才是最能激发创意的方式。所以说，很可能是爱因斯坦拉小提琴时突现的想法，让他以一种全新的方式来思考物理学问题。

　　我们从中得到的教训就是，全身心投入地追求目标，不要束缚在同一个或几个相近的学科之中，不要认为只有这些知识对你有用。不同的学科之间总有共通之处，所以去找出这些关联性吧。积累很多相似的知识可能无法帮你取得突破，但只要有一丁点跨界视野就可能改变局面。

叠加技能

得益于网上丰富的资源和现代世界人与人之间的紧密连接，学习成为一名通才比以往任何时候都更容易。

也正因如此，即便你掌握了某项技能，别人也很可能掌握了同样的技能。互联网是一把双刃剑，在帮助个人拓展技能的同时，也让个体之间的竞争与日俱增。若要拿你和拥有同样技能的人比较，他们也许无法仅凭一项技能就决定录用你而不是另一个人（反过来对那个人来说也一样）。

本章是想告诉你，我们应该把精力集中在什么地方。

仅凭一项技能来确立你的价值或优势是不明智的。每个领域前 1% 的人只有 1%。（是的，我反复检查了好几遍，确定没算错。）美国篮球协会排名前 1% 的球员是从各个联盟球队中选出来的极少一部分人，他们在全世界总人口中的占比更是少之又少。对普通人来说，跻身这前 1% 几乎是不可能的。99% 的 NBA 球员都不是勒布朗·詹姆斯（LeBron

James）或者史蒂芬·科里（Stephen Curry），但他们的表现仍然可圈可点。即使如此，他们仍不在收入最高或名声最噪之列。

换言之，知道自己无法进入前 1%，那又该怎么办？

如何才能在一众拥有同样技能的人当中脱颖而出？与其寄希望于进入从统计角度看很难实现的前 1%，不如尝试叠加技能。不管你信不信，"技能叠加"这个词是被报纸上的连载漫画带红的。

"技能叠加"这个概念由美国漫画家斯科特·亚当斯（Scott Adams）提出并传播，斯科特是出版史上最成功，也是被引用次数最多的连载漫画"呆伯特"（Dilbert）系列的创作者。"技能叠加"背后的理念是，精通一项技能，甚至达到顶尖水平，这令人艳羡，但并不太可能实现。因此，更现实有效的是尝试在多个领域都拥有较强的能力，并且这些技能可以相得益彰。

与其在一个领域搏前 1%，不如争取在三四项擅长的技能领域达到前 5%～15%。这其中的区别就好比想象自己是莫扎特还是紧要关头能演奏四种乐器的录音室音乐人。不是每个人都能成为莫扎特，但是学会四种乐器就不是那么遥不可及。

亚当斯自己就是在工作中叠加技能的范例。他意识到自己的任何技能都到不了前 1% 的水准，而他创作的讽刺职场现实的"呆伯特"系列连载漫画刊载在不同的报纸上，在 65 个不同的国家发行。相关报道显示，亚当斯坐拥超过 7,500 万美元的净资产，其实绝大部分收入来源于"呆伯特"漫画的出版发行，其中包括出版物的版税和衍生产品的销售所得。有一段时间，美国几乎每间办公室里都有员工在工位上贴着呆伯特的漫画，以此来表达他们对种种职场事端心知肚明。尽管亚当斯在任何领域都不是绝对尖端的 1%，他又是如何达到今天的高度的呢？

他不是天赋最高的漫画艺术家，他所有的人物基本上是用简笔画创作的，会配上不同的发型和鼻子。看起来可能没什么艺术性，但就是很好笑，况且亚当斯真实的漫画实力显然比他表现出来的更高。就让我们把他的艺术表现力排到前10% 吧。

他不是商业运作和赚钱的高手，但他确实去加州大学伯克利分校的商学院学习过，所以商业能力算前 5% 吧。

他也不是全世界最有趣的人，从来没想过当喜剧演员之类的。但是他的连载漫画幽默风趣，长销不衰。所以在幽默喜剧方面，我们也把他排到前 5%。

亚当斯说："当你把我普通的经商能力，与强大的职业道德、风险承担能力和相当好的幽默感叠加在一起，我就显得很独特了。而这种独特性是有商业价值的。"如果亚当斯这个例子还不够有说服力的话，你也不用往远了找，只要看一下波士顿咨询集团 2017 年的研究就会发现，如果一家公司的员工拥有多样化的技能，来自交叉背景，这家公司整体上就会比其他竞争者多出 19% 的营收。

这就是技能叠加的要义。只需要重新调整目标，放下跻身前 1% 的执念，转而在多项技能（可以选择那些可以彼此增益的技能）上达到前 5%～15% 的水平。选出自己具有优势和水准较高的技能与特长，把它们组合起来，这能让你比其他人更加突出。亚当斯将高于平均水平的商业理解力、幽默感和艺术力融合在一起，通过漫画创造出了一个可以变现的纸上人物。（而且呆伯特好像不需要画眼睛。）

人们通常认为只有高度掌握某项技能才能获得成功，某些状况下还要付出必要的机会成本或者牺牲。绝大多数医学院学生必须选择一个专攻方向，牙医一般不会看脚部疾病。体育事业也一样，想要在棒球、足球、高尔夫或田径领域成为顶级选手，就势必要放弃其他项目。除了迪昂·桑德斯（Deion Sanders）和博·杰克逊（Bo Jackson）这样极其罕见的运动员，很难发现跨界两个项目的超级运动明星（迈克尔·乔丹这样的传奇人物也打不了职业棒球。）

但除了医学和体育，几乎所有其他领域都没这么绝对，高度掌握几项技能是有可能也确实能够实现的。技能叠加鼓励人们组合不同的技能，从而使自己变得与众不同。把自己已经掌握的常见技能组合起来，再学习可以把这些技能关联起来的新技能，你就会变得不可复制。这会让你具备无与伦比的职场竞争力，让你在公共生活和个人生活两方面都无可取代。

技能叠加会迫使你认清事实，找出真正能产生影响的东西。也许你的某项技能具有前 5% 的水准，这又能为你带来什么呢？也许会获得几项荣誉，但除此之外不再会吸引更多人的关注。每个领域尖端都有排在前 5% 的人才，所以你很难脱颖而出。你可以尝试推自己一把，努力跻身前 1%，但如果真的已经做到，你也不至于翻开本书了（除非你对我精湛的文字能力欲罢不能）。

这意味着你必须通过多条途径提升竞争力，不能只仰赖于开发单一技能。很多人几乎不可能打拼到前 1%（当然试试总不会错），能达到前 5% 的水准就已经很不错。但是一旦跻身其中，和同一水平乃至更高水平的人相比，你还是显得平平无奇，放眼四周都是和你能力相当的人。

因此，我们再次得出结论，如果一个人在三四项不同的技能中能达到前 10%～15%，那这样的人更加独特。具备一项卓越的特长是一回事，把多项擅长的技能融合在一起、组合出别人没有的技能包，这又是另一回事了。恭喜你，只要做到这点，你就已经能引起他人的注意了。

在多个领域进入前10%～15%并不像在一个领域力争1%那样像是在走独木桥。达到后一个目标可能要投入几年甚至几十年的练习，难度相当于在卡耐基音乐厅办独奏音乐会。但前一个目标就轻松得多，只要学习、练习、应用，再不断重复就可以。也许读几本关于某个主题的书就能比 95% 的人更了解情况。但是如果计划读五本同一个主题的书，那么读到第四本的时候还能学到什么新知识就很令人生疑了。

以我最喜欢的写作为例。世界上有很多有才华的作家。排名前 1% 的作家无论如何都能出版他们的作品，因为一出手就知道有没有。

那么排名前 5% 的作家呢？他们仍然很了不起，但是因为不如前 1% 写得好，所以永远不会特别畅销，也就很难被更多读者挖掘到。

但是如果这 5% 的作家中有人综合了其他技能，比如会一点 HTML，而且知道怎么玩转社交媒体，结果会有什么不同呢？这位作家不仅能写出妙语连珠的短文，还能为自己创建博客，精心打造独特的个人品牌。

此外，凭借在社交媒体上推广内容，他们还能引起读者的兴趣和全球市场的关注。然后，锵锵——他们收获了更高的阅读量。如果再加上一点商业运作的技巧，他们就能在其他平台或领域复制这个过程，争取到更多的读者，再产出更多的内容，最终使书的销量一飞冲天。

所以，虽然一位作家只能排进前 5%，但是因为具备了相当的营销推广能力，最终让自己的创作能够出版，也收获了一批忠实读者，这些也都能转化成收入。老实说，有些作家可能只能排到前 25%，但是凭借多样技能的叠加，他们也能过上优渥的生活。

有策略地叠加技能

很多人可能没意识到，自己已经拥有了一堆可以叠加的技能。正因为从来没这么想过，也就无从识别或讨论了。

定义组合技的第一步，是确保自己已经掌握相辅相成的多样技能。显而易见，写作、公共演讲和表演就构成了三角必杀技。如果你的厨艺靠谱，又能灵活经营，还善于沟通，那么运营一家餐馆对你来说已经绰绰有余。

相反，如果你很擅长公开演讲，又弹得一手好吉他，还会做一手好菜，即使把这三项技能加起来，可能也只够当一名还不错的服务员，无法达成经营一家餐馆的终极目标。如果你擅长打字、跳踢踏舞和剥花生，那么很多机会可能永远不会为你敞开，除非进马戏团工作。

不能太随意地叠加技能，所选择的三四项技能应该相互关联或者彼此兼容。与固守在舒适圈内只掌握你天生就擅长的技能相比，你的个人价值会因为叠加效应而飞速上涨。

为了直抵组合技的核心，我们可以问自己一些问题，简单地进行自我评价。

你在什么行业或者说你想进入什么行业？ 这个问题很简单吧。你目前的工作状况和 / 或理想中的工作状况是什么样的？

在那个行业中，哪些技能很有竞争力？有哪些基础工作？入行门槛是什么？这些问题的答案都是这个行业或一门生意赖以维系的基础，是领导评判员工日常表现的标准。

在所有这些技能中达到前 5% 的水平，这很值得夸赞。但是还有很多同行和你一样，甚至比你更优秀，所以不能止步于前 5%。所以接下去怎么办？

鉴于人人都具备同样的技能，那么再学习什么新技能才能超越其他人呢？这项（甚至是两项或三项）技能就是你的"秘密武器"了，它能够让你不泯然于众人。这种能力很可能是你在另一种环境下培养起来的，不是为了这份工作或某个任务而专门学的。这是让竞争的天平向你倾斜的砝码。如果还不确定该采取什么行动，那就看看所在领域或相关领域内的佼佼者吧。

假设你想成为证券经纪人。

证券经纪人能在哪里从同行中脱颖而出呢？他们必须善于沟通和计算。所有证券经纪人都应该具备这两项基础能力，就算保守估计，至少也有 75% 的证券经纪人实际具有这两项能力。但很显然，只有这两项能力并不足以让你在求职过程中游刃有余。

那么你可以学习什么新技能来加强自己的竞争力呢？全球经济紧密相连，所以选一个超级经济体（中国或德国），学一下其中通用的语言，这可以使你的履历更加瞩目。一些研究表明，全世界 50% 的人都会双语。在我看来数字似乎过高了，但就假设真是这样吧。每学一门新语言，都会提高你被录用的概率。就这么说吧，多学一门语言能让你成为排名前20% 的证券经纪人。

此外，生物科技是股票市场中备受瞩目的版块。证券经纪人如果在医药、人体医学和康复锻炼方面有深厚的知识积累，就可以更敏锐地分析出行业发展的新前景。如果你很懂医药，或者有急救管理经验抑或是懂一点医疗援助，就可以轻松战胜其他双语证券经纪人了。

一个人无法精通所有行业，但是勤勉努力外加多实践，进入前 10%～15% 并不难。这足以让你更能适应各种变化，也更容易在求职过程中找到出路。在这个时代，成为多面手比精通单项业务更重要。每周只要听一听德语或中文的音频，再读几篇关于生物科技公司最新进展的文章，你对这个版块的市场分析能力就会显著增强。这是一笔不差的投资 —— 你渐渐会发现，构建和叠加技能异常简单。

再转向更有趣也稍微轻松一些的领域看看吧。以绘画为例。几乎所有的画家［除了"滴画"画家杰克逊·波洛克（Jackson Pollock）］都知道该怎样描摹一个具体的事物。他们应该都知道如何使用各种媒介和绘画材料，哪怕只专攻其中的一两种。为了便于举例，这里就说 90% 的人可以用多种媒介进行创作吧。

有些艺术家只画肖像或静物，这些绘画对象都以特定角度直接摆在他们面前。但是，一个拥有发达（至少是高度可靠）照相记忆的人可以在任何地方画出任何物件，他们在创作方面很可能更多产。这是一种花时间不断练习就可以掌握的技能。最终，某个具备神话学、神学或哲学背景的创作者可能掌握特定的符号象征，他们可以把这些象征融入作品，赋予作品更多的意义或张力。

我们很容易在一群画家中找到一个技艺娴熟的绘图师。但要找到一个尝试过多种媒介的技艺娴熟的绘图师，他同时具备超群的记忆力，在艺术理论、神话学或哲学方面也经过严格训练，这还容易吗？这三种技能不常组合在一起，但是它们的确都能融合到艺术创作之中。

每往组合技中添加一项新的技能，你就在精心制作一张有更多选择的文氏图（Venn Diagram）。

　　没有人比你更了解自己的能力水平，但你可能不清楚不同技能组合在一起之后所能创造出的协同效应。技能叠加可以利用你已有的长处，并将之以有利于大众的方式呈现出来。这种方式也可以让我们更高效、更有建设性地找出能让自己脱颖而出的新技能。

画重点

- 本章写的是，成为通才最值得花时间强化哪些方面的能力。以前的通才榜样看起来确实都横跨文理。换个角度看就是通才兼具软硬实力。阿尔伯特·爱因斯坦本人就大力倡导自己提出的组合游戏。当陷入苦思不得其解的时候，他急需厘清思路，转换视角，这时候他就会投入地拉小提琴。我们在安排自己的时间时，也可以借鉴这种策略。

- 漫画家斯科特·亚当斯创造了"技能叠加"这个词，意思是根据自己追求的特定目标，以最佳的方式组合已有的技能与特长。

- 你很可能已经拥有了一套组合技能。这个概念是说你无法依靠单项技能或专长在特定的任务中崭露头角。只有 1% 的人能占据每项技能排名前 1% 的位置，你很可能不在其列。因此，我们需要一套叠加了三四项关联技能的组合技能，每一项在各自的领域内达到前 10%~15% 的水准。这是一个很务实的目标，会使你在同业的竞争中大放异彩。你的技能组合越独特、越多样、关联性越高，你就越不可替代。

- 非常关键的是，各项技能之间要有一定的关联性。所以不能只把目光局限在自己的长处，这反而会阻碍个人发展。看看所在领域的翘楚，观察他们都具备哪些技能组合。找到自己想要精进的能力之后，只要翻阅几本相关书籍或几篇文章，参加一些讲座，接触一些基本操作，你就能轻松学会。仅此一项就能使你比 90% 的人更有见识，面对挑战也会准备得更加充分。此时的你堪比专家！这就是因人制宜的通才养成策略。

第五章　站在巨人的肩膀上

就如那句经久不衰的流行语所说的：站在巨人的肩膀上，我们能看得更远。哪怕我们个人的贡献很有限，但把这些发现与以前的伟大思想家所积累下的知识遗产结合起来，我们就可能超越他们，接过知识接力棒，继续传递下去。

透彻地了解自己的长处、短板、背景和目标，这非常重要。如果成为通才就是你重要的人生目标，那么你别无选择，只能根据自己独特的习性和好奇心来探索成为通才之路。

不过，在我们之前已经有无数巨人走过同样的道路。阅读历史，历览取得过卓越成就的前人，我们就能发现规律，并获得灵感或激励，取其精华，去其糟粕。

诚然，你会发现我们接下去剖析的几位通才大多出生于富裕之家，哪怕不是名义上的名门贵族，但也大多掌握发达的人际关系网络。他们中的大多数人生活优渥，因而能不顾生计地投入到学习之中，其中当然不乏花花公子、药物滥用者和赌徒。

然而，我们还是能从这些人物身上学到不少经验，哪怕我们的生活与他们的相比相去甚远。我们可以根据历史和文化现状做一些调整，从这些巨人身上学习如何最大限度地应用我们的才能，从而成为能与他们比肩的现代通才。

最初的文艺复兴人

1452 年，莱奥纳多·达·芬奇出生于意大利的托斯卡纳，他可以说是世界历史上最有名、成就最高，也富有极大创造性的通才。科学、数学、艺术、政治、文化、历史——你能想到的各个方面他都养成了兴趣，且在某种程度上十分精通。他的成就清单令人难以置信，他所掌握的领域之多也是常人无法想象的。

解剖学。达·芬奇重塑了人类对自身的认识。他是第一个描绘出人体内部器官细节的人。他用一头死去的牛复原出了大脑和脑室的结构，为构建人脑模型奠定了基础。他还首次揭示了人类脊柱从侧面看呈 S 型的事实。他完成了不计其数的人体和动物解剖，一丝不苟地记录和画下所见到的一切。你能想象，这么一位艺术天才所画下的图示有多大价值吗？时至今日，达·芬奇的很多人体解剖图仍然是教学和研究的必备材料。

创新和发明。达·芬奇的远见卓识无人能及。他设计的草图直到五百年后才真正被人制造出来：直升机、降落伞、军用坦克、机器人、潜水装备……这些发明都可以追溯到达·芬奇，没列举出来的还有很多。他对军事和防御工事也特别感兴趣，一些传记作者推测，他的各种艺术创作只不过是在战争中求生的权宜之计。

建筑。达·芬奇着迷于大型建筑项目，曾经为建筑商担任顾问。他设计的运河船闸系统与我们今天所使用的非常相似。他还潜心研究城市规划，提出过"理想城市"的概念。

艺术。达·芬奇的一些绘画杰作你可能有所耳闻，比如《蒙娜丽莎》和《最后的晚餐》。他的代表作《维特鲁威人》既是一件艺术作品，也是一幅科学图解。他还革新了风景在绘画中的应用，也是较早创作油画的艺术家。同时他还是一名雕塑家。

科学。达·芬奇的专业能力让他成为推动数个科学领域发展的关键人物。他率先提出假说，认为化石可以证明地球的真实年龄远大于当时人的普遍认知。他对植物的详细描述也影响了植物学的研究方式。他对流体力学也钻研得颇为深入。他设计了以水为动力的磨坊、机器和引擎。他甚至设计了一个可以弹奏弓弦的键盘。

他是如此全知全能，但我们猜，他偶尔也睡觉。

德语的发明者

约翰·沃尔夫冈·冯·歌德（Johann Wolfgang von Goethe）是一位享誉历史的德国作家、通才，他出生于 1749 年。他写过戏剧、诗歌、小说和自传，广受好评。他也深入参与植物学和人体解剖学的研究。

除此之外，他还是一位出色的社会活动家和政治人物，40 岁之前就被萨克森-魏玛大公封为贵族。和当时的很多人一样，歌德接受的是全面的古典教育，他的父亲鼓励他学习各种语言（包括希腊语、法语、英语、拉丁语，还有希伯来语），他也接受了健全的体育教育，练过马术、击剑和舞蹈。

他最初在莱比锡学习法律，但他极其厌恶这个专业 —— 绘画和文学才是他的真正所爱。歌德晚年致力于写作，70 多岁时经常与费利克斯·门德尔松（Felix Mendelssohn）见面。他将这位音乐神童与年轻的莫扎特相提并论，并帮助他获得认可。

歌德本人也启发了很多伟大的作曲家，他终其一生都热爱音乐。如今，歌德被视为德国的国宝级人物，他的作品被列为文学教育中的必备读物。他的写作传播广泛且影响深远，所以他也经常被追认为德语的发明者。

文学。歌德凭借作品《格茨·冯·贝利辛根》（*Götz von Berlichingen*，1773）和《少年维特之烦恼》（1774）获得了巨大的成功。这两本书影响力卓绝，被誉为世界的"首批畅销书"，歌德也被公认为浪漫主义文学运动的发起人。这一运动至今仍在影响我们对文学和诗歌的理解。人们提到歌德，总会把他和《浮士德》联系在一起。

后来他写了《威廉·麦斯特的学习时代》（*Meister's Apprenticeship*，哲学家叔本华认为这是人类历史上最伟大的四部小说之一——这无疑是极高的褒奖），还写了一些剧本和寓言故事。歌德 60 多岁的时候开始接触"东方主义"——果然，一个真正的通才永远不会停下学习、发现和改变自我的脚步。

植物学和物理学。歌德以巨大的文学影响力而闻名，但他在科学方面也同样多产。他改进了光学实验，构建了自己的一套色彩理论，直接挑战了牛顿经典物理学的知识框架。歌德认为，应该从相对主义的角度来理解光，而不应机械式地看待。他在那篇令人敬畏的宏大论文《色彩理论》中解释了我们对色彩的感知取决于神经系统的解读，而不是取决于外部因素。

今天的物理学家已经明白，环境和个人的神经系统都会影响我们对色彩的感知，两者同等重要。歌德彼时的成就在于鼓励人们质疑和挑战当下的主流观点。现在，我们仍然能看到歌德的理论对现代科学思想的哲学影响。

歌德本身也是一位很有成就的科学家，他在植物学、地质学、心理学和气象学（一些历史研究表明，歌德当时的研究为现代天气预报技术的发展奠定了基础）等方面都颇有建树。

歌德对颌间骨的解剖学研究引人瞩目，因为他的发现有悖于当时惯常的科学认知。歌德在他的时代就以自学成才和文艺复兴人而广为人知，他的文学天分并没有阻止他深入地研究医学或解剖学。

政治。歌德在文学上的成功让他名利双收，也在多个方面促成了他进入萨克森-魏玛大公的宫廷。他很快爬上高位，赢得了一系列头衔和更大的社会自由度。

歌德曾随军作战，短暂地担任过萨克森-魏玛大公的枢密顾问（这也是他名字中"冯"的来源）。他规划道路的修建，监督矿山的运营维护，还参与过当时著名的税收改革。歌德不是一个离群索居、异想天开的艺术家，而是积极参与和大力推进社会实务的人。

那个证明牛顿错了的人

托马斯·杨（Thomas Young）曾被传记作者称为"最后一个全知之人"。1773 年，托马斯出生于英格兰的一个贵格会家庭，4 岁时已经完整地通读过两遍《圣经》，14 岁时已经学会十几种语言，23 岁时开始行医。有一则关于托马斯的逸事，说他小时候上舞蹈课时，同学们发现他带着圆规和尺子，他在计算小步舞曲的数学舞步图，他之所以这么做就是为了跳得更好。

　　他是那个时代的通才代表，掌握了物理学、力学、生理学、音乐（他发明了自己的调音方法）、埃及学和象形文字学，还会多门语言。他的兴趣和成就数不胜数，但他最为人铭记的是在翻译罗塞塔石碑中的关键贡献。

　　继承了叔祖父的遗产之后，托马斯的财务状况允许他开私人诊所行医，同时继续自己的研究并发表医学论文。1801年，他被任命为自然史教授（该学科后来更接近于物理学），之后又被任命为英国皇家学会的外交干事，后来还成为美国艺术与科学学院的外籍荣誉会员。

　　杨还在其他委员会、协会、学院和理事会担任职务，监督许多项目和政策的推进。杨在 56 岁离世之际，已经是那个时代最有成就和最多产的人之一。

　　物理学。杨对物理学的突出贡献，就是后来被发展完善的光波理论。著名的双缝实验（后来的物理学和量子力学的基石）最初就是杨做的。他用带有两条缝隙的隔板，展示了光和水波一样存在干涉特性，这表明光也是一种波。

这位通才还反驳了牛顿之前提出的假说：光是一种粒子。许多年后，杨的实验结果才被人重视，又过了许多年后，两种认识之间的矛盾才得到解答：现在认为，光既是一种波，也是一种粒子，即波粒二象性。

杨在力学方面也颇有建树，他对弹性、压力、表面张力、毛细作用、钟摆动力学等都有所研究。这些工作对工程、数学和物理学的发展都有一定影响。

医学。杨最早接受了医学的专业训练，并成为一名颇具声望的医生。他能抽出时间开展自己的研究，发表关于血流动力学（研究血液循环系统的流动参数）、肺结核、散光（由他发现）的重要文献和观察，他还设计了一个快速确定儿童用药量的公式。

医学是杨毕生的追求，在他的一些科学研究受到批评之后，他这样描述自己的医学专业能力："我决心只在医学方面开展研究和著述。对于上帝不曾赋予我的天赋，我无法担责，但对于我拥有的天赋，我已经在时运允许的范围内刻苦耕耘与发挥；我会继续勤勉努力，潜心沉淀，把所学所知全部献给我倾尽毕生之力追求的事业。"

语言学。这件事情的发展非常神奇，杨在 1796 年发表了一篇论文，他随手（"为了不让页面出现空白"）在论文最后附上了 4 页通用音标字母表，还有一篇像《大英百科全书》（*Encyclopædia Britannica*）一样包罗万象的文章——"语言"（"Language"），其中总结了 400 种语言的语法和词汇，并创造了很多新的语言学术语。

杨最卓越的工作是对古埃及象形文字的研究，他翻译了罗塞塔石碑上一个完整的部分（即埃及草书，又被称为"世俗体"），明确了这些文字由表意和表音符号共同组成。他还撰写了基督教在努比亚的传教历史，虽然他有明确的宗教信仰，但仍提供了不失公允的观察研究。

尽管杨在该领域与其他人激烈争论，一些研究结论也尚存争议，但总体上我们不可否认他对破译罗塞塔石碑的贡献。

遍览杨的一系列兴趣之后，我们发现他不顾反驳、批评或异议，执着地跟随自己的好奇心，在不断丰富精神世界直至完满的过程中收获真正的满足感与喜悦。说他是"天才"似乎很合适，不过显而易见，杨精力充沛、勤勉刻苦、敢于尝试，他人生虽短，成就满载。

他思故他在

著名的哲学家勒内·笛卡尔（René Descartes）所擅长的虽然不像之前提到的通才那样全面，也仍然把数学、哲学和科学研究往前推进了一大步。如今，他的名言"我思故我在"（*cogito ergo sum*）被公认为西方哲学史上的一块重要基石。

哲学。笛卡尔是把人类对世界的疑问转变成哲学问题的人，他追问的是，我们到底能确定什么？一般来说，有怀疑，就一定有提出这个怀疑的怀疑者，也就是说怀疑的存在能证明怀疑者的存在。在说"我思"的时候，我一定在。

人类的感官甚至理性都会对人本身施加限制或使人产生

怀疑，谁能说我们没有对自己的才能产生过幻觉或错觉，抑或是自欺欺人过？不过，如果我们想要证实知识的确定性，那么笛卡尔上面的这句话就是一个很好的起点：从根本上说，我们的存在为真。因为假定"我"不为真，那"我"说一切不为真也就不成立了。

1637 年，笛卡尔出版了《谈谈方法》（*Discourse on the Method*），这部力作探讨了科学问题、神和灵魂存在的证明、研究物理问题的方法以及众生的灵魂问题（你可能已经注意到，通才很关注宏观问题）。后人至今仍在研究笛卡尔的著作，他的许多理论与概念已经紧密地编织进后来的哲学思想之中。

虽然它的范围远远超出了这里可能的任何简单介绍，但我们可以说，笛卡尔开创了一种深刻的怀疑主义态度，不相信任何不能被证明的东西——在这个基础上，仅在这个基础上，任何种类的坚实的哲学都可以被建立。

尽管我们现在不太可能用简短的篇幅来介绍笛卡尔对哲

学的影响，但还是可以这样总结：笛卡尔开创了一种怀疑一切的怀疑主义，在任何事物得到证明之前都不能默认其存在——在这个基础上，且仅仅在这个基础上，一切扎实的哲学研究都可以推进。因为"我思故我在"，笛卡尔被视为近代哲学之父，为后来的许多哲学家定下了思考的基调。

笛卡尔的《第一哲学沉思集》(*Meditations of First Philosophy*) 同样影响深远，他提出的科学和哲学问题的研究范式，至今还在被探讨。虽然今天看来这些都已是老生常谈，但是我们对"身心二元论"的认识很大程度上要归功于笛卡尔在这个"问题"上的深入思考，这种观念对西方思想产生的影响不可估量。

数学。笛卡尔创造了笛卡尔坐标系。我们在绘制或读取任何一种图形时，都会用到这个坐标系。有了笛卡尔坐标系之后，二维空间上的任何一个点都可以用一个平面上的两个数字来表示，它被广泛应用于线性代数、微分几何、群论、解析几何和微积分等领域。任何几何图形或方程都可以在平面直角坐标系中进行转换或表示，由此也衍生出许多有实际意义的解释。

笛卡尔还发明了一种方法，来确定多项式正负实数根的数量。在方程式中用 x 和 y 作为变量，用上标表示平方，如 x^2，这些都是笛卡尔开创的。

科学。笛卡尔钻研光学，贡献了颇有价值的研究成果。他在《屈光度》（*Dioptrique*）这部专著中提出了一个折射定律（又名斯涅耳定律），推动了物理学的进展。他还改进了动量守恒原理的早先形式。

他率先提出了一套自然法则理论。第一条：每个物体总是会保持相同的状态，因此一旦被移动，它就会继续移动下去。第二条：所有运动本身都沿直线进行。看着是不是很眼熟？牛顿第一运动定律就借鉴了这些表述。

金字塔的建造者

通才并不专属于特定历史时期的西方知识分子，"文艺复兴人"其实早在文艺复兴时期之前就已出现，最早期的一位通才就来自古代文明的摇篮之一：古埃及。伊姆霍特普（Imhotep，这个名字的原意为"和平使者"）是古埃及第三王朝第二任法老左塞的元老、首席大臣、御医、大祭司，也是一名神学家、诗人、工程师和圣人。公元前27世纪，伊姆霍特普出生在现在开罗以南的一个平民家庭。

今天可能很难想象，古埃及已经拥有高度发达的文明，并在科学和艺术方面取得了令人瞩目的成就，而彼时世界上的其他地方还过着原始的狩猎–采集生活。伊姆霍特普一生赢得了很多头衔和荣誉，在世之时就已被尊为医学和智慧之神。不过，虽然伊姆霍特普成就超群，但我们有理由相信，他的同时代一定还有其他多产的通才。

医学。伊姆霍特普是一名声名显赫的医师和外科医生，据说他诊断和治疗了超过200种疾病，甚至自那之后几百年过去了，古埃及以外的地区还在艰难地攻克同样的疾病。其实早在"医学之父"希波克拉底出生的2000年前，伊姆霍特普就已经开始尝试各种治疗手段。他的主要贡献是指出疾病是一种自然现象——要知道，当时人们普遍认为患病就是受到了神的惩罚。有历史资料证明，他能熟练地利用当时古埃及地区常见的天然材料提取药用成分，以此来治疗眼科疾病、胆结石、痛风、皮肤病、肺结核等疾病，甚至还可以治疗口腔问题。

伊姆霍特普对人体解剖学和人体不同系统的生理学有着广博的认识，这些知识储备远超他同时代的人。此外，传说由他著述的《艾德温·史密斯（外科）纸草文稿》（Edwin Smith Surgical Papyrus），让后人得以对古埃及的医疗保健形成清晰的认识。

这部莎草纸文稿记录了几个重要的病例，包括头部损伤和刺伤，还概述了一系列解剖术语，以及一系列疾病的治疗方法。和那个时代普遍的医学认知不同，伊姆霍特普的论述中不太提及法术或神灵。相反，我们可以从中发现这样一种医学伦理学：帮助行医之人分辨可治疗与不可治疗的微恙或重疾。

伊姆霍特普以他的决心和应对未知疾病的高超医术著称，虽然从现代医学的角度看，他的治疗工具和模型都已颇为落后。伊姆霍特普还开创了一种木乃伊制作技术，用以取出内脏器官，并将其保存在不同的容器中。

工程和建筑。 古埃及时期，在工程、砖石、设计、几何、数学和建造上取得杰出成就的人很受众人推崇。伊姆霍特普是萨卡拉金字塔（又名阶梯金字塔）的缔造者，它是古埃及的第一座金字塔，是空前的工程奇迹。

现在普遍认为，用切割石块建成的同规模建筑中，阶梯金字塔的建成时间最早。伊姆霍特普不仅监工了金字塔本身复杂的建筑工程，还参与了相关的庭院、寺庙、亭子、柱式大厅和神龛的建造。其中采用的新颖石灰岩技术为这座宏伟的建筑提供了强力且持久的保障，过了将近5000年，这一结构仍然屹立不倒，也佐证了伊姆霍特普的远见卓识。

伊姆霍特普另一项广为人知的成就，是利用尼罗河的自然条件创建了一套巧妙的灌溉系统，避免国家遭受长时间的干旱。他对宗教、诗歌、医学和建筑都贡献颇丰。古埃及享有数千年的昌盛与高度发达的文明，是人类繁荣发展的中心地带，伊姆霍特普是这个古代伟大时期最早的一批智慧之柱，为古埃及的辉煌贡献了无尽的才智。

提炼知识

第一课：多样性

无论他们是谁、生活在哪个历史时期、有什么样的兴趣、做出了什么贡献，通才都有一个本质的共性：多元化。神奇的是，这些令人瞩目的人总是同时推进着好几个项目。为他们赢得成功与声誉的并不是单个的成就，而是一系列技能的组合，还有他们在探索和开发多个领域时，在不同领域之间发现的沃土。

上述提及的诸多通才，我们都能在他们的时代找到钻研同样问题的人，托马斯·杨甚至棋逢很多高实力对手。不过有意思的是，与只在一个方向上用功的人相比，浅尝多个领域并能通过全新的思路来统合多领域知识、以多种途径解决各式问题的人似乎更受人崇敬。道理很浅显：通才能够以高才远识解决任何领域的任何问题。他们并不是因为兴趣广泛和辗转于多个项目之间才成为通才，而正是因为他们是通才，才会乐此不疲。

单个领域单个专家的工作就好比一页纸上的一个点。但只需增加一个点、一个想法或一个视角，点与点之间便能连出一条线段。通才会给自己发现的每一条信息或想到的每一个点子增加新的维度。他们的工作类似于三维、四维或者五维图形，会向各个方向伸展。这些工作复杂而又充满活力，因为其中的各种动态连接与他们对世界的大局认识相关联。这种畅想宏观问题、跳出条条框框的能力，正是通才的思维特点。人类历史中许多转变范式的成就不是由专家，而是由灵活的多面手实现的，这并不是巧合。因为后者的专长，就是带着好奇心尝试新领域。

第二课：无畏

我们作为后来者，通常只看到了通才一生的最终成就。看到这种人在一个又一个的任务之间快乐地飞奔，轻松地做出一番番成就，而别人只能站在一旁为他们喝彩。更平淡无奇的事实是，通才多是独行侠，即便有时候会受到外界的极端抵制和干扰，但一直在默默地独自工作。全世界很多杰出的科学家、作家和医生都不得不出来回应各种无知、恐惧、政治议题，通才也不例外。

本书提及的所有通才或多或少都遭受过质疑、批评或嘲笑。但他们似乎并不在乎。通才打心底里渴望知识，外界的误解和否定对他们来说只是小小的阻碍。这就是为什么很多成就斐然的历史人物终其一生都在与同行争论，推翻了整个学科，甚至颠覆了在某些领域主导了很多年的宏大理论。

虽然这些通才中的很多人不愁生计，但也有人确实出身贫寒，不少人甚至无意于摆脱贫穷，为了解决生计问题，他们可能不得不牺牲自己宏大的愿景。我们可以从这种态度中获得启发：通才可能自出生起就被赋予了我们梦寐以求的天赋，但他们也不过是在面临困境的时候找到了追寻真我之路罢了。

第三课：追寻真我

与好奇心和无畏相伴的是追求真我的勇气。通才追求前无古人的独特成就：崭新的愿景，不寻常的眼界，完全原创的思维组合。他们能做到这一切，靠的就是充满趣味、与众不同的自己。本书的前面部分已经说过，用固定的标签定义自己只会让自己变得越来越狭隘，越来越受限。相反，通才拒绝简化的定义，追随带给他们启发的东西，充分开发自己独特的天资。

从很多方面看，他们都为我们展现了一种"成长的心态"——冲破固有观念的枷锁，不接受现有的认知，不禁锢在现在的自我之中，我们会发现自己能取得更多更高的成就。他们会很快承认错误，因为承认得越快，他们就越能找到正确的做法。不管怎样，对通才来说暂时的正确并不重要，关键在于收获新知。

因为通才的原动力在于纯粹的好奇心和渴望精进的意志，所以他们并不被名利所诱惑。也就是说，发现所追求的事物无利可图或不受他人认可的时候，他们仍会继续追求，哪怕在那之前他们已经获得了足够的赞誉。

正是对学习本身而不是对外在回报的追求，让通才们能够一直诚实、直率地保持真我。他们根本没时间自我欺骗或者分心——这些东西会妨碍他们探索更广阔、更激动人心的未知世界。

画重点

- 回顾起来，我们会发现通才的成才之路不同寻常，也颇为曲折。仅仅分析历史上尤为著名的通才的人生历程与学习方法，我们就已获益匪浅。他们展示了知识、勤奋工作和纯粹的好奇心结合在一起之后会迸发出怎样神奇的效果。

- 首先，我们考察了最为著名的通才：莱奥纳多·达·芬奇。也许他的艺术家身份更为人知，但其实他几乎精通各个门类。他还是一名军事战略家、雕塑家、解剖师和机械工程师，此处还只是列举了其中的一小部分。

- 约翰·冯·歌德被誉为德语的发明人，因为他的文学作品对德语文化影响深远，也相当重要。此外，他还抽出时间钻研植物学，在政治上的地位也节节攀升。他曾随军出征，也监督了一系列税收改革。

- 托马斯·杨是个特别的例子，因为很少有人知道他的名字，仅在提及证明牛顿理论错误的人的时候，人们才会想起他。能做到这一点，势必需要深厚的物理学素养和科学的研究方法。杨是破译罗塞塔石碑古埃及象形文字的主要推动者。而在所有这些成就以外，我们不要忘了他的主职是医生。

- 笛卡尔是解析几何之父，也是一名前沿的物理学家，还是在历史上占有极重要地位的西方哲学家。他著名的哲学探讨是关于知识的本质的，以及什么可以被证明，什么又无法被证明。最后用一句话提炼笛卡尔的思想：我思故我在。

- 伊姆霍特普是一个早已隐没在历史长河中的名字，其实他对古埃及影响深远。他是法老左塞的御医，还监督了古埃及历史上第一批金字塔的建造。他在工程方面的能力也不限于此，他负责设计的最早的灌溉系统帮助古埃及人驯服了尼罗河的洪水，甚至将其收为己用。

- 我们已经用一章的篇幅介绍了通才思维的特质，但是直到我们开始追寻真正存在过的通才，一切才变得清晰可见。我们找出了通才具备的三条共性：多样性、无畏和追寻真我。多样的知识能助人在每一个领域做出跨界的创新；无畏于新的理念和方法，不顽固地恪守陈规；听从真我的声音，本能地追求目标。

全能学习法

Polymath

总　结

第一章　门门皆通

- 一提到"通才"，我们首先会想到历史上那些我们完全无法企及的天才。我们可能确实无法成为那样的通才，但是仍然可以从他们的学习方法和组合技能中提取到能为己所用的内容。通才是精通多个领域的专业人士。这个定义似乎过于简单了，但却直指通才的要义。当不同领域的想法互相碰撞时，奇迹就发生了，跨领域的开阔思路会帮助你探索新路径、解决问题、跳出思维定式。

- 本书鼓励读者成为 π 形、梳子形甚至星形人才，他们与 T 形人才截然不同。横向的笔画代表知识面的广度，纵向的笔画代表认知的深度。谁有时间学习这么多东西呢？其实很多人都行：亚里士多德、莱奥纳多·达·芬奇、本杰明·富兰克林、埃隆·马斯克……有不少研究发现，人员配置多元的团队、掌握很多才能的个体会很高效，能把旧知识应用到新场景中的人会有高水准的表现。相关的理论研究表示，意大利佛罗伦萨的文艺复兴正是由这种多元混合所引领的。

- 我们似乎已经在这个主题上绕了太久，然而多元吸收知识的重要性无论怎么强调都不过分。如果局限在一个领域内过度精攻，那也会导致问题。这就是定势效应，说的就是举了把锤子看哪里都是钉子的人。深陷一个主题之后，就很难跳脱出来发现其他工具、方法、路径和视角。一个生物学家只能看到生物学相关的问题，以此类推。

- 可以通过亨利·福特工厂的装配流水线来看通才，这样比较容易理解。在这样的流水线上，每一个人都只有一个功能，任何时候都很容易被替代。越全面发展，能发挥的功能就会越多，不可替代性就越强。

第二章　通才思维

- 通才所储备的知识可能各不相同，但成为通才的核心要义非常相似。他们具备驱动力、好奇心和开放的思维与心态，而这些都是成为 π 形或梳子形人才（不仅仅是 T 形人才）所必备的特质。你能想象莱奥纳多·达·芬奇面对不熟悉的问题时会说出"等着别人来解决吧，我先睡个午觉"这样的话吗？不太可能吧！

- 通才首先具备的心理素质是极强的适应能力与开放的心态。无论面对什么阻碍，通才都能克服或者智取，问题总可以得到解决。你必须灵活思考、博采众长，不拘泥于常规和个人习惯。你还必须开放地采纳新视角，对不熟悉和新鲜的事物也要保持好奇。想象一下，谁是观察牛乳房的第一人，他又是怎么想到人应该喝牛乳的。

- 第二，通才用做实验的心态生活。这不是说通才一直在做传统意义上的科学实验，而是说他们会应用科学的方法去分析和探究自己经历的一切。他们充满安全感地做实验，就是为了获得新信息，满足自己的好奇心。他们几乎无法不让自己"实验"人生。

● 第三，通才具有初学者心态，这比专家心态有益得多。当你还是个初学者的时候，你的问题是答案的 10 倍多。这是好事，因为你会倾听和提问，求索得更深入。专家很容易掉入自以为博学的陷阱，并由此产生很多盲点。初学者心态需要与批判性思考相结合，这样才能提出更有价值的问题。

● 第四，通才对自己有信念。无论是正确的认知还是妄念，他们都相信自己可以达成目标。在学习方面，很多人最大的敌人就是他们自己。这也指明了问题的本质：所谓信念，关乎自身，关乎行动和实现目标的能力。这就意味着，如果预期合理，产出等于投入。如果一个人不认可自己达成目标的能力，他就无法成功。

● 最后，通才也是坚持不懈的。我们还能如何描述在多个领域积累了深厚知识的人？坚持意味着会不惜一切代价地克服困难和不利的处境。通常，唯一的代价是感到不适而已。通才都极度自律，因为他们深知即使有心、有兴趣，从零开始做一件事仍然困难重重，而且会陷入困惑。但这就是人生。泰然面对不自在的处境是一种能力，这会让你不遗余力地克服困难，通往下一个目标。

第三章　从菜鸟到专家的 10 步法

● 我相当肯定，已经不需要再竭力向你解释为什么要成为一名通才。与其纠结于"为什么"要当一名通才，不如着眼于"如何"成为一名通才。你需要拓展自己的思维，从零开始涉猎一个全新的学科或知识领域。这将是一个乏味、令人疲惫和沮丧的过程。但是如果准备妥当，这样的负面感受就会少很多。

● 所以，让我们来看看从头开始学习一个新学科的十个步骤。

其实，每个步骤的名称就已经很好地描述了学习过程本身：

◇ 拓宽视野。

◇ 以想学的知识或技能为核心缩小范围。

◇ 为自己定义成功，从结果往前安排目标，做出逐个击破的计划。

◇ 汇总资源——专注于信息数量。

◇ 根据收集到的资源创建课程和学习方案。

◇ 根据想要达成的目标来筛选和重组已有资源。

◇ 深入信息，沉浸式学习。

◇ 对所学主题的基本面形成初步的认识之后，带着问题去探索、尝试和发掘自己理解力的边界。

◇ 回答上一步中提出的问题，填补知识空白，创建关联。

◇ 把所学的技能或信息教给别人，从而巩固自己的理解。也能以此为镜，找出自己尚不理解的地方。

● 整个过程中有一个未被言明但又无处不在的细节，那就是记笔记。记笔记的目的在于延伸出第二个大脑。

你在笔记里记录下自己的发现，关联起不同的信息，进行回顾和整合。经过适当的组织和优化，笔记本身就可能勾勒出一套新信息或技能的框架。但这是极其理想的状况。因此，我介绍了一种特殊的笔记法，让你能够真正统合所有资源。这并不简单，但也正是学习的要义。

这套笔记法分四步进行：（1）按照常规方法记笔记，记录下尽可能多的细节；（2）用自己的话来总结信息，厘清重点，提出问题；（3）将特定的信息与整个大主题联系起来；（4）回答余下的问题，然后再次总结每一页或每一部分。

第四章　有意识地发现

- 本章写的是，成为通才最值得花时间强化哪些方面的能力。以前的通才榜样看起来确实都横跨文理。换个角度看就是通才兼具软硬实力。阿尔伯特·爱因斯坦本人就大力倡导自己提出的组合游戏。当陷入苦思不得其解的时候，他急需厘清思路，转换视角，这时候他就会投入地拉小提琴。我们在安排自己的时间时，也可以借鉴这种策略。

- 漫画家斯科特·亚当斯创造了"技能叠加"这个词，意思是根据自己追求的特定目标，以最佳的方式组合已有的技能与特长。

- 你很可能已经拥有了一套组合技能。这个概念是说你无法依靠单项技能或专长在特定的任务中崭露头角。只有1%的人能占据每项技能排名前1%的位置，你很可能不在其列。因此，我们需要一套叠加了三四项关联技能的组合技能，每一项在各自的领域内达到前10%~15%的水准。这是一个很务实的目标，会使你在同业的竞争中大放异彩。你的技能组合越独特、越多样、关联性越高，你就越不可替代。

- 非常关键的是，各项技能之间要有一定的关联性。所以不能只把目光局限在自己的长处，这反而会阻碍个人发展。看看所在领域的翘楚，观察他们都具备哪些技能组合。找到自己想要精进的能力之后，只要翻阅几本相关书籍或几篇文章，参加一些讲座，接触一些基本操作，你就能轻松学会。仅此一项就能使你比90%的人更有见识，面对挑战也会准备得更加充分。此时的你堪比专家！这就是因人制宜的通才养成策略。

第五章　站在巨人的肩膀上

- 回顾起来，我们会发现通才的成才之路不同寻常，也颇为曲折。仅仅分析历史上尤为著名的通才的人生历程与学习方法，我们就已获益匪浅。他们展示了知识、勤奋工作和纯粹的好奇心结合在一起之后会迸发出怎样神奇的效果。

- 首先，我们考察了最为著名的通才：莱奥纳多·达·芬奇。也许他的艺术家身份更为人知，但其实他几乎精通各个门类。他还是一名军事战略家、雕塑家、解剖师和机械工程师，此处还只是列举了其中的一小部分。

- 约翰·冯·歌德被誉为德语的发明人，因为他的文学作品对德语文化影响深远，也相当重要。此外，他还抽出时间钻研植物学，在政治上的地位也节节攀升。他曾随军出征，也监督了一系列税收改革。

- 托马斯·杨是个特别的例子，因为很少有人知道他的名字，仅在提及证明牛顿理论错误的人的时候，人们才会想起他。能做到这一点，势必需要深厚的物理学素养和科学的研究方法。杨是破译罗塞塔石碑古埃及象形文字的主要推动者。而在所有这些成就以外，我们不要忘了他的主职是医生。

- 笛卡尔是解析几何之父，也是一名前沿的物理学家，还是在历史上占有极重要地位的西方哲学家。他著名的哲学探讨是关于知识的本质的，以及什么可以被证明，什么又无法被证明。最后用一句话提炼笛卡尔的思想：我思故我在。

- 伊姆霍特普是一个早已隐没在历史长河中的名字，其

实他对古埃及影响深远。他是法老左塞尔的御医，还
监督了古埃及历史上第一批金字塔的建造。他在工程
方面的能力也不限于此，他负责设计的最早的灌溉系
统帮助古埃及人驯服了尼罗河的洪水，甚至将其收为
己用。

● 我们已经用一章的篇幅介绍了通才思维的特质，但是
直到我们开始追寻真正存在过的通才，一切才变得清
晰可见。我们找出了通才具备的三条共性：多样性、
无畏和追寻真我。多样的知识能助人在每一个领域做
出跨界的创新；无畏于新的理念和方法，不顽固地恪
守陈规；听从真我的声音，本能地追求目标。

图书在版编目（CIP）数据

全能学习法：什么都能学，什么都能精 / (英) 彼
得·霍林斯著；多宝译. –– 北京：九州出版社，
2022.10

ISBN 978-7-5225-0971-6

Ⅰ.①全⋯ Ⅱ.①彼⋯ ②多⋯ Ⅲ.①学习方法
Ⅳ.①G442

中国版本图书馆CIP数据核字(2022)第097584号

Copyright© 2020 by PKCS Media, Inc..
Simplified Chinese translation rights arranged with PKCS Media,lnc.through TLL
Literary Agency.

著作权合同登记号：01-2022-4065

全能学习法：什么都能学，什么都能精

作　　者	［英］彼得·霍林斯　著
译　　者	多　宝
责任编辑	李　品　周　春
出版发行	九州出版社
地　　址	北京市西城区阜外大街甲35号（100037）
发行电话	（010）68992190/3/5/6
网　　址	www.jiuzhoupress.com
印　　刷	天津中印联印务有限公司
开　　本	889 毫米×1194 毫米　　32 开
印　　张	5.75
字　　数	84 千字
版　　次	2022 年 10 月第 1 版
印　　次	2023 年 2 月第 1 次印刷
书　　号	ISBN 978-7-5225-0971-6
定　　价	49.80元